nap new academic press

Florian Freund

Konzentrationslager Ebensee

KZ-System Mauthausen – Raketenrüstung – Lagergeschehen

Zitiervorschlag:
Florian Freund: Das Konzentrationslager Ebensee. KZ-System Mauthausen – Raketenrüstung – Lagergeschehen, Wien 2016 [Seite]

Cover: Befreite Häftlinge des KZ Ebensee am Appellplatz, 7. Mai 1945, Fotograf: Arnold Samuelson, US Signal Corps, Fotoarchiv der KZ-Gedenkstätte Mauthausen/Collection USHMM

Bibliografische Information der Deutschen Nationalbibliothek
Die Deutsche Nationalbibliothek verzeichnet diese Publikation in der Deutschen Nationalbibliografie; detaillierte bibliografische Daten sind im Internet über http://dnb.de abrufbar.

www.newacademicpress.at
New Academic Press OG | Feldgasse 21/2, 1080 Wien, Österreich | office@newacademicpress.at

ISBN 978-3-7003-1938-2

Satz: Peter Sachartschenko
Druck: Prime Rate, Budapest

Inhalt

1 Einleitung

„Ebensee liegt in einem wunderschönen Tal der Alpen, bei einem der zauberhaftesten österreichischen Seen, dem Traunsee, ca. 100 km südwestlich von Linz. Auch diese Landschaft haben die Nazis mit ihrer blutigen Gewalt befleckt. Die Namen der umliegenden Bergrücken -Totes Gebirge, Höllengebirge -, die sich hoch über das Tal erhoben, klangen sehr bedrohlich in unseren Ohren, wenn wir uns vergegenwärtigten, in welchen Händen wir uns befanden. Niemand aber ahnte, was wir hier würden erleben müssen.“[1]

Wie Drahomír Bárta, der mit dem ersten Transport aus dem Außenlager des KZ Mauthausen Redl Zipf am 18. November 1943 nach Ebensee gekommen war, erinnerten viele Häftlinge diesen Kontrast von schöner Landschaft mit Elend und Tod im Lager. Doch wozu war das Lager eingerichtet worden? Welche Funktion hatte das KZ Ebensee als eines von über 40 Außenlagern des KZ Mauthausen? Exemplarisch lässt sich am Beispiel des KZ Ebensee aufzeigen, in welchem größeren Zusammenhang die Einrichtung derartiger „SS-Arbeitslager“ zu sehen ist. Auf der einen Seite die NS-Machhaber mit ihrer menschenverachtenden Ideologie, das Kalkül von Politik und Ökonomie, die spezifische Logik einer Kriegsmaschinerie, die Gewinninteressen privater Firmen und die Bewacher von SS und Wehrmacht. Auf der anderen Seite die Häftlinge, die aus fast allen Ländern Europas kamen und deren „Restarbeitskraft“ möglichst effizient genutzt werden sollte. Völlig entrechtet waren sie nicht nur der Willkür der SS ausgeliefert, sondern auch den Dynamiken einer hierarchischen Häftlingsgesellschaft. Für die Häftlinge ging es jeden Tag um Leben oder Tod. Dennoch gab es Widerstand und dennoch wurden – wenn überhaupt vorhanden – auch Handlungsspielräume genutzt.

Der vorliegende Band basiert auf dem 1989 publizierten Buch „Arbeitslager Zement“ [2] und dem 2010 erschienenen Werk „Die Toten von Ebensee“, in dem nicht nur die Namen der in Ebensee verstorbenen Häftlinge angeführt werden, sondern auch mit deskriptiver Statistik den Auswirkungen der von der SS erzwungenen Häftlingsgesellschaft nachgegangen wird.[3] Viele Aspekte der gemeinsamen Arbeit mit

1 Drahomír Bárta, Zur Geschichte der illegalen Tätigkeit und der Widerstandsbewegung der Häftlinge im Konzentrationslager Ebensee in den Jahren 1944–1945, in: Drahomír Bárta, Tagebuch aus dem KZ Ebensee, hg. v. Florian Freund und Verena Pawlowsky, Wien 2005, S. 107 f.

2 Florian Freund, Arbeitslager Zement. Das Konzentrationslager Ebensee und die Raketenrüstung, Wien 1989.

3 Florian Freund, Die Toten von Ebensee. Analyse und Dokumentation der im KZ Ebensee umgekommenen Häftlinge 1943–1945, Wien 2010.

Bertrand Perz in den Publikationen „Konzentrationslager in Oberösterreich“[4] und „Mauthausen – Stammlager“[5] sind ebenfalls in diese Arbeit eingeflossen.

An dieser Stelle möchte ich den Mitarbeitern und Mitarbeiterinnen der KZ-Gedenkstätte Ebensee und insbesondere dem Leiter Wolfgang Quatember danken, der unermüdlich seit fast 25 Jahren pädagogisch und wissenschaftlich tätig ist und erfolgreich zur Gedenkkultur im Salzkammergut beigetragen hat. Die Mitarbeiter und Mitarbeiterinnen der Gedenkstätte Mauthausen waren wie immer äußerst hilfreich, vielen Dank. Mein besonderer Dank gilt Stephan Matyus, Doris Warlitsch und Andreas Kranebitter. Andreas Kranebitter hat mit kritischem Blick das Manuskript durchgesehen und gab viele wertvolle Hinweise.

4 Florian Freund/Bertrand Perz, Konzentrationslager in Oberösterreich 1938–1945, Linz 2007.

5 Florian Freund/Bertrand Perz, Mauthausen – Stammlager, in: Wolfgang Benz, Barbara Distel (Hg.), Der Ort des Terrors. Geschichte der nationalsozialistischen Konzentrationslager. Band 4. Flossenbürg – Mauthausen – Ravensbrück, München 2006, 293–346.

2 Das KZ-System Mauthausen

Die Einrichtung eines Konzentrationslagers in Mauthausen war kein Geheimnis. Im Völkischen Beobachter gab der Gauleiter von Oberdonau August Eigruber am 28. März 1938 voll Stolz bekannt, dass ein „Konzentrationslager für die Volksverräter von ganz Österreich" eingerichtet würde.[6] Der Verwaltungschef der SS Oswald Pohl und der Inspekteur der Konzentrationslager Theodor Eicke besichtigten wahrscheinlich noch im März 1938 die Steinbrüche um Mauthausen.[7] Sie interessierten sich vor allem für die wirtschaftlichen Aspekte der Einrichtung eines neuen Konzentrationslagers, da die SS schon seit 1937 die Strategie verfolgte, über den Einstieg in die Baustoffproduktion die bestehenden KZ auszubauen bzw. neue KZ einzurichten. Dafür konnten sie mit Unterstützung Albert Speers, des späteren Rüstungsministers und zu diesem Zeitpunkt Generalbauinspektor Berlin (GBI) für umfangreiche städtebauliche Maßnahmen zuständig, die Zustimmung Hitlers erlangen. Solcherart war die Finanzierung des Lagerbaues sichergestellt. Um die Baustoffproduktion in Verbindung mit KZ-Zwangsarbeit auf eine kommerzielle Basis zu stellen, gründete die SS im April 1938 die Deutschen Erd- und Steinwerke GmbH (DESt), die nicht nur in Mauthausen, sondern auch in den Konzentrationslagern Flossenbürg, Oranienburg, Neuengamme, Groß-Rosen, Natzweiler und Stutthof u.a. tätig wurde.

Als eine ihrer ersten Aktivitäten bemühte sich die DESt um die Pacht und Übernahme von Steinbrüchen und Steinbruchunternehmen in Flossenbürg und Mauthausen/Gusen.[8] Am 7. April 1938 verhandelte Arthur Ahrens, der seit 1935 für die wirtschaftliche Belange der SS in unterschiedlichen Funktionen gearbeitet hatte, mit der Stadt Wien, der Eigentümerin der Mauthausener und Gusener Steinbrüche, über einen Pachtvertrag, der im Juni 1938 abgeschlossen wurde.[9]

6 „Bollwerk Salzkammergut", in: Völkischer Beobachter, Wiener Ausgabe, 29.3.1938.

7 Ein ausführlicher Überblick zur Geschichte des KZ Mauthausen findet sich bei: Freund/Perz, Konzentrationslager in Oberösterreich, S. 19 ff. Freund/Perz, Mauthausen – Stammlager, 293–346. Hans Maršálek, Die Geschichte des Konzentrationslagers Mauthausen, Wien 1995[3]. Michel Fabréguet, Mauthausen. Camp de concentration national-socialiste en Autriche rattachée (1938–1945), Paris 1999.

8 Zur Gründung der DESt-Werke und der damit zusammenhängenden Konzentrationslager: Hermann Kaienburg, Die Wirtschaft der SS, Berlin 2003, S. 603–770, zu Mauthausen S. 622 ff; Michael Thad Allen, The Business of Genocide. The SS, Slave Labor, and the Concentration Camps, Chapel Hill 2002, S. 97–96; Jan Erik Schulte, Zwangsarbeit und Vernichtung: Das Wirtschaftsimperium der SS. Oswald Pohl und das SS-Wirtschaftsverwaltungshauptamt 1933–1945, Paderborn 2001, S. 103–124. Zu den Verhandlungen über Pacht und Kauf der Steinbrüche zwischen der SS und der Gemeinde Wien siehe Andreas Kranebitter, Der Steinbruch „Wiener Graben" und die Errichtung des KZ Mauthausen, in: Bundesministerium für Inneres(Hg.), KZ-Gedenkstätte Mauthausen | Mauthausen Memorial 2008, Wien 2009, S. 58–73.

9 Gerhard Botz, Wien vom „Anschluß" zum Krieg. Nationalsozialistische Machtübernahme und politisch-soziale Umgestaltung am Beispiel der Stadt Wien 1938/39, Wien-München 1978, S. 255 ff.; Maršálek, Geschichte, S. 109; Fabréguet, Mauthausen, S. 71.

Abb. 1: Bau des Appellplatzes des Lagers Mauthausen, 1941 oder 1942, Fotograf: Erkennungsdienst der SS, Fotoarchiv der KZ-Gedenkstätte Mauthausen

Am 8. August 1938 traf ein erster Transport mit 300 von der SS als „kriminell" oder „asozial" eingestuften deutschen und österreichischen männlichen Häftlingen aus dem KZ Dachau in Mauthausen ein, die bis Oktober 1938 ihre Dachauer Häftlingsnummer behielten. Die Häftlinge mussten zunächst vor allem am Aufbau des Lagers Mauthausen arbeiten.[10] Bis zum Jahresende 1938 überstellte die SS über 1.000 Häftlinge aus den Lagern Dachau, Buchenwald und Sachsenhausen nach Mauthausen.

Mit der Einrichtung des nur vier Kilometer von Mauthausen entfernten Lagers Gusen entstand ab Ende 1939 das zweite große Konzentrationslager in Österreich, das fortan mit Mauthausen eine Art von Zwillingslager bildete.

1938/39 lag der Schwerpunkt des Arbeitseinsatzes der Häftlinge des KZ Mauthausen beim Aufbau des Lagers. Parallel dazu wurde noch 1938 die Steinbrucherschließung in Mauthausen (Wiener Graben) und Gusen (Gusen und Kastenhof) aufgenommen. Das dort produzierte Material wurde für den Bau des Lagers benötigt, das

10 Maršálek, Geschichte, S. 27 f.

Abb. 2: Bau des Reviergebäudes des Lagers Mauthausen, 1942 oder 1943, Fotograf: Erkennungsdienst der SS, Fotoarchiv der KZ-Gedenkstätte Mauthausen

Abb. 3: Häftlinge bei der Zwangsarbeit im Steinbruch Wiener Graben in Mauthausen 1942, Fotograf: Erkennungsdienst der SS, Fotoarchiv der KZ-Gedenkstätte Mauthausen

Abb. 4: Das ehemalige Außenlager Gusen nach der Befreiung; zu sehen sind im Vordergrund u.a. Werkstattbaracken sowie im Hintergrund Steinbrecher und Steinbruchkante; links sind die Messerschmitt- bzw. Steyr-Daimler-Puch-Baracken zu erkennen, Fotograf: Eugene S. Cohen, US Signal Corps, Fotoarchiv der KZ-Gedenkstätte Mauthausen/Collection USHMM

bis auf die hölzernen Baracken für Häftlinge und SS weitgehend aus Granitsteinen, die von den Häftlingen aus dem Steinbruch ins Lager gebracht werden mussten, errichtet wurde.[11]

Der Arbeitseinsatz der Häftlinge war bis zur Mitte des Krieges vom Ausbau der Infrastruktur der Lager und den Arbeiten in den Steinbrüchen bestimmt. Im Steinbruch Wiener Graben und ab 1940 vor allem im Bereich der Gusener Steinbrüche wurden umfangreiche Investitionen getätigt. Wege, Straßen und Gleisanlagen wurden angelegt, Schotterbrecher, Kompressoranlagen, Werkstätten und Steinmetzhallen errichtet. Die Granitwerke in Mauthausen/Gusen blieben bis 1945 der größte von der DESt betriebene Steinbruchkomplex. Gusen entwickelte sich immer mehr zu einem Zentrum der Verwaltung der DESt-Betriebe.[12]

Der Konzentrationslagerkomplex Mauthausen/Gusen diente jedoch nicht nur der Ausbeutung der Arbeitskraft der Häftlinge in den Steinbrüchen, sondern vorwiegend der Vernichtung der politisch-ideologischen Gegner und der als „kriminell“ und „asozial“ stigmatisierten Personengruppen. Die überaus hohe Sterblichkeit war

11 Kaienburg, Die Wirtschaft, S. 627 f.
12 Fabréguet, Mauthausen, S. 377 f.; Kaienburg, Die Wirtschaft, S. 629 f.

Folge der Strategie der SS, die Arbeitskraft der Häftlinge vor allem durch systematischen Terror bei gleichzeitiger materieller Unterversorgung zu mobilisieren.

Die Vernichtungsfunktion kam in den Jahren 1940 und 1941 durch die Einstufung des KZ Mauthausen in die „Lagerstufe III" zum Ausdruck, jenen Lagertyp, der für so genannte „schwerbelastete, unverbesserliche" Häftlinge geschaffen wurde, die keine Überlebenschancen haben sollten.[13] Die Sterblichkeit unter den Häftlingen war bis 1942 eine der höchsten in den Konzentrationslagern innerhalb des Deutschen Reiches. Anfang 1941 waren in Mauthausen/Gusen ca. 8.700 Häftlinge festgehalten. Ständig trafen neue Transporte ein, so dass am Ende des Jahres 15.900[14] Internierte gezählt wurden. 8.615 Häftlinge starben während des Jahres 1941 im Lager. [15]

Die Häftlinge wurden bei der Arbeit in den Steinbrüchen zu Tode schikaniert, erschlagen, erschossen, in der Krankenstation „abgespritzt" (d.h. mit einer Injektion ermordet), im Winter bei „Badeaktionen" (d.h. die Häftlinge wurden bei winterlichen Temperaturen mit kaltem Wasser bespritzt) zu Tode gebracht, oder sie starben an den Folgen von Unterernährung und Erschöpfung. Alle diese Tötungen waren Folgen des Lagerregimes oder entsprangen der Initiative einzelner SS-Männer und wurden von der übergeordneten KZ-Verwaltung gedeckt. Die Tötung genau definierter Gruppen hingegen war von der SS-Führung vorgegeben. Von den Vernichtungsmaßnahmen betroffen waren vor allem Juden aller Nationalitäten – so überlebte keiner der fast 1.600 im Jahr 1941 in das KZ Mauthausen eingelieferten Juden länger als wenige Monate –, Polen, sowjetische Kriegsgefangene, „Zigeuner", republikanische Spanier sowie die „zur Vernichtung durch Arbeit" eingewiesenen „Sicherungsverwahrungs"-Häftlinge.[16]

Bei diesen inoffiziellen, von den Berliner Zentralstellen erwünschten und gedeckten, aber in der Regel nicht offen befohlenen Tötungen von Häftlingen, die gegenüber anderen Behörden geheim bleiben sollten, musste die SS bis zum Ende des Krieges bürokratische Rücksichten nehmen, auch dann, wenn die betroffenen Häftlinge ausdrücklich zum Zweck der Vernichtung in das KZ Mauthausen eingeliefert worden waren. Eine solche Rücksichtnahme war das Eintragen fingierter Todesursachen in die Totenbücher.

Wie alle Konzentrationslager diente auch das KZ Mauthausen als Hinrichtungsstätte der Sicherheitspolizei. Diese Exekutionen von einzelnen Personen, die ohne gesetzliche Grundlage und ohne Gerichtsurteil erfolgten, wurden direkt von Berlin aus angeordnet. Bis Ende 1942 wurden sie in der Regel, wie bei militärischen Hin-

13 Erlass des Chefs der Sipo und des SD vom 1.1.1941, IMT PS 1063, abgedruckt in: Maršálek, Geschichte, S. 33.

14 Andreas Kranebitter, Zahlen als Zeugen. Soziologische Analysen zur Häftlingsgesellschaft des KZ Mauthausen, Wien 2014, S. 235. Etwas abweichende Zahlen bei: Maršálek, Geschichte, S. 109 ff., 145 ff.

15 Kranebitter, Zahlen als Zeugen, S. 237.

16 Näheres zur Mortalität der einzelnen Gruppen bei: Kranebitter, Zahlen als Zeugen, S. 191 ff.

richtungsritualen üblich, durch ein Exekutionskommando der SS einzeln mittels Erschießen an der Hinrichtungsstätte nahe der Baracke 20 vollzogen. Ab Anfang 1943 wurden die Hinrichtungen im Keller des „Bunkers", dem lagerinternen Gefängnis, am Klappgalgen bzw. in der Genickschussecke im Krematorium durchgeführt.[17] Die „offiziell" Exekutierten wurden in der Regel namentlich registriert („Buch unnatürliche Todesfälle"[18]), auch wenn sie zuvor nicht in den Häftlingsstand aufgenommen worden waren.

Eine quantitative und qualitative Verschärfung erfuhren die Mordaktionen mit dem Beginn des Vernichtungskrieges gegen die Sowjetunion. Dies zeigte sich zunächst in der von Himmler initiierten Einbeziehung des „T 4"-Personals und der „Euthanasie"-Tötungsanstalten in die Ermordung von kranken und schwachen Häftlingen.[19] Die Entscheidung über Leben und Tod der kranken und geschwächten Häftlinge fällten vorerst noch Ärzte.[20] Insgesamt lassen sich bis Ende 1942 Transporte von 1.132 Häftlingen aus Gusen und 481 aus Mauthausen in die „Euthanasie"-Tötungsanstalt Hartheim nachweisen.[21] Die Deportationen nach Hartheim wurden 1944 wieder aufgenommen. Nach Zeugenaussagen wurden in Hartheim ca. 6.000 bis 8.000 Mauthausener und Gusener Häftlinge ermordet, von denen 4.518 namentlich bekannt sind.[22] Sie wurden nicht in die Totenbücher des Standortarztes Mauthausen eingetragen, lediglich ihr Transport in das „Erholungsheim" oder das „Sanatorium Dachau" auf Transportlisten vermerkt.[23]

Trotz der Möglichkeit in der „Euthanasieanstalt" Hartheim Häftlinge ermorden zu lassen war die SS-Führung im Sommer und Herbst 1941 weiterhin auf der Suche nach effizienteren Tötungsmethoden, um die Massenhinrichtungen von sowjetischen Kriegsgefangenen entsprechend dem „Kommissarbefehl" durchzuführen.[24] In

17 Maršálek, Geschichte, S. 196 f. Bertrand Perz/Florian Freund, Tötungen durch Giftgas im Konzentrationslager Mauthausen. In: Günter Morsch/Bertrand Perz (Hg.), Neue Studien zu nationalsozialistischen Massentötungen durch Giftgas. Historische Bedeutung, technische Entwicklung, revisionistische Leugnung, Berlin 2011, S. 244–259.

18 Buch unnatürliche Todesfälle, Kopie AMM M/6/1.

19 Brigitte Kepplinger, „Vernichtung lebensunwerten Lebens" im Nationalsozialismus: Die „Aktion T4", in: Morsch/Perz (Hg.), Neue Studien zu nationalsozialistischen Massentötungen, S. 77–87. Karin Orth, Das System der nationalsozialistischen Konzentrationslager. Eine politische Organisationsgeschichte, Hamburg 1999, S. 114 ff.

20 Florian Schwanninger, Hartheim 1940–1944, in: Morsch/Perz (Hg.), Neue Studien zu nationalsozialistischen Massentötungen, S. 126 ff. Brigitte Kepplinger/Gerhart Maarckhgott/Hartmus Riese (Hg.), Tötungsanstalt Hartheim, Linz 2008. Pierre Serge Choumoff, Nationalsozialistische Massentötungen durch Giftgas auf österreichischem Gebiet 1940–1945. Wien 2000, S. 57.

21 Choumoff, Massentötungen, S. 59, 67, Vgl. Schwanninger, Hartheim, S. 127.

22 Florian Schwanninger, Die Rekonstruktion der Namen der Toten der „Aktion 14 f 13" in der Tötungsanstalt Hartheim – Beispiel einer institutionellen Kooperation, in: Verein für Gedenken und Geschichtsforschung in österreichischen Gedenkstätten/Andreas Kranebitter (Hg.), Gedenkbuch für die Toten des KZ Mauthausen. Band 1: Kommentare und Biographien, Wien 2016, S. 46.

23 Schwanninger, Hartheim, S. 128. Choumoff, Massentötungen, S. 57 ff.

24 Reinhard Otto, Wehrmacht, Gestapo und sowjetische Kriegsgefangene im deutschen Reichsgebiet 1941/42, München 1998; Orth, System, S. 122 ff.

Abb. 5: Sowjetische Kriegsgefangenen auf dem Appellplatz des Lagers Mauthausen, Oktober 1941, Fotograf: Erkennungsdienst der SS, Fotoarchiv der KZ-Gedenkstätte Mauthausen

allen Konzentrationslagern wurden nun Überlegungen angestellt, wie die Massenerschießungen besser geheim gehalten, weniger belastend für die SS-Truppen und vor allem im Sinne der SS „rationalisiert" und technisiert sowie die Opfer besser getäuscht werden konnten.[25] In Mauthausen wurde eine Genickschussecke nahe des Leichenkühlraumes eingerichtet und damit begonnen, an einer Traverse mit einem Klapptisch Erhängungen durchzuführen.[26]

Ein weiterer Schritt der Technisierung des Tötens im KZ Mauthausen war die Einrichtung einer eigenen Gaskammer.[27] Die „Zyklon B"-Technologie zur Entwesung war im Zusammenhang mit Hygienemaßnahmen bereits seit 1940 in den Konzentrationslagern verbreitet. Es lag für die Verantwortlichen daher nahe, mit Hilfe dieser Technologie eine neue Tötungseinrichtung zu konstruieren und mit dem Krematorium zu kombinieren. Anstoß dafür dürfte die Ankunft von 4.000 sowjetischen Kriegsgefangenen in Mauthausen Ende Oktober 1941 gewesen sein, von denen 2.000 sofort nach Gusen weitertransportiert wurden.[28] Tatsächlich wurde im Herbst 1941 mit dem Bau der Gaskammer begonnen. Ein Auskleideraum, eine Gaskammer für die Verwendung von „Zyklon B" – ein fensterloser Raum von ca. 3,80 m Länge und

25 Schreiben des Inspekteurs der Konzentrationslager an die Lagerkommandanten der Konzentrationslager vom 15.11.1941 betr. Exekution von russischen Kriegsgefangenen, IMT NO 5766 (Kopie AMM P/16/14).

26 Maršálek, Geschichte, S. 197.

27 Perz/Freund, Tötungen durch Giftgas, S. 244–259.

28 Perz, Freund, Tötungen durch Giftgas, S. 248; Maršálek, Geschichte, S. 122.

ca. 3,50 Meter Breite, zum Teil verfliest, mit zwei luftdicht abschließenden Türen – und ein Leichenraum wurden im Krematoriumsbereich eingerichtet. Aus einem benachbarten Raum wurde das „Zyklon B" in einen eigens gebauten Einfüllapparat geschüttet und das Gas mittels Ventilator durch ein Rohr in die Gaskammer eingeführt, das an der Wandseite, also nicht sichtbar, einen etwa einen Meter langen Schlitz hatte.[29] Die erste Vergasung in Mauthausen fand im März oder Mai 1942 statt, bei der laut Zeugenaussagen einige schwerkranke Häftlinge vergast wurden.[30] Wie viele Menschen in der Gaskammer von Mauthausen zwischen dem Mai 1942 und Mai 1945 tatsächlich ermordet wurden, lässt sich nicht exakt feststellen. Nach den Erkenntnissen des Landgerichts Hagen und rezenter Forschungen muss davon ausgegangen werden, dass mindestens 3.455 Menschen durch Giftgas in der Gaskammer von Mauthausen ums Leben kamen.[31]

Warum zusätzlich ab Herbst 1941, nach anderen Angaben ab Frühjahr 1942, ein Gaswagen zur Ermordung von kranken Häftlingen eingesetzt wurde, ist nicht restlos

Abb. 6: Gaseinfüllapparat der Gaskammer des KZ Mauthausen, Foto entnommen dem Bericht des US Geheimagenten Jack H. Taylor[32], Aufnahme wenige Tage nach der Befreiung – Fotograph unbekannt; NARA

29 Perz/Freund, Tötungen durch Giftgas, S. 251 ff., Siehe dazu die Schilderung des Tötungsvorganges im Urteil LG Hagen 11 Ks 1/70, S. 95 ff; Choumoff, Massentötungen, S. 93 ff.

30 Perz/Freund, Tötungen durch Giftgas, S. 254; Maršálek, Geschichte, S. 200.

31 Perz/Freund, Tötungen durch Giftgas, S. 256; Choumoff, Massentötungen, S. 122.

32 Florian Freund/Bertrand Perz/Karl Stuhlpfarrer, Einleitung zur Dokumentation: Der Bericht des US-Geheimagenten Jack H. Taylor über das Konzentrationslager Mauthausen. In: Zeitgeschichte 22 (1995) Heft 9/10, S.318–341.

geklärt. Zahlreiche Zeugenaussagen und einzelne Dokumente belegen den Einsatz eines Gaswagens, mit dem Häftlinge im Pendelverkehr zwischen Gusen und Mauthausen ermordet wurden.[33] Alle Zeugenaussagen stimmen darin überein, dass jeweils ca. 30 Personen in den Gaswagen gepresst wurden. Da keine Listen über die Morde im Gaswagen geführt und die Toten mit fingierten Todesursachen im Totenbuch registriert wurden, ist die Schätzung der Zahl der Opfer im Gaswagen sehr schwierig. Ausgegangen wird von einer Mindestzahl von 900 auf diese Weise getöteten Häftlingen.[34]

Die Vernichtungsabsicht gegen bestimmte Gruppen blieb bis zuletzt aufrecht. Als Beispiel seien hier die Häftlinge des Block 20 in Mauthausen erwähnt. Die so genannten „K-Häftlinge", fast ausschließlich sowjetische Offiziere, wurden zwischen Ende Mai 1944 und Anfang Februar 1945 in eine von einer Mauer umgebenen Baracke gesperrt und dort absichtlich durch mangelnde Ernährung oder sonstige Methoden ermordet. Zwischen 2.040 und 2.500 starben in dieser Zeit.[35] Bekannt wurde der Block 20 durch die Tatsache, dass am 2. Februar 1945 ca. 500 der zu diesem Zeitpunkt noch lebenden Häftlinge gemeinsam ausbrachen und im Rahmen der zynisch so genannten „Mühlviertler Hasenjagd" von SS, Polizei und Zivilisten ermordet wurden. Nur etwa 12 der Geflüchteten überlebten, von denen acht namentlich bekannt sind.

Die Lebens- und Arbeitsbedingungen, systematische Tötungen und der Unwillen der nationalsozialistischen Behörden zur Versorgung der Häftlinge waren die Ursachen für die hohe Sterblichkeit. Nach Berechnungen von Andreas Kranebitter steigerte sich die Sterblichkeit im Verhältnis zur Zahl der Häftlinge von 28,6 Prozent im Jahr 1940 über 39 Prozent 1941 auf die höchste Rate von 43,2 Prozent im Jahr 1942.[36] Die Ökonomisierung der Häftlingsarbeit bewirkte einen Rückgang der Sterblichkeit auf 22,8 Prozent im Jahr 1943 und 15,3 Prozent 1944. In den wenigen Monaten bis zur Befreiung übertraf die Sterblichkeit alles bisher Dagewesene. Alleine in den knapp über vier Monaten des Jahres 1945 erreichte die Sterblichkeit 30,2 Prozent.

---

33 Perz/Freund, Tötungen durch Giftgas, S. 257 f.; Choumoff, Massentötungen, S. 141 ff.; Maršálek, Geschichte, S. 203 ff.

34 Perz/Freund, Tötungen durch Giftgas, S. 258; Choumoff, Massentötungen, S. 149.

35 Ausführlich dazu: Matthias Kaltenbrunner, Flucht aus dem Todesblock. Der Massenausbruch sowjetischer Offiziere aus dem Block 20 des KZ Mauthausen und die „Mühlviertler Hasenjagd". Hintergründe, Folgen, Aufarbeitung, Innsbruck 2012. Vgl. Kranebitter, Zahlen als Zeugen, S. 164.

36 Zahlen nach: Kranebitter, Zahlen als Zeugen, S. 196. Vgl. Freund/Perz, Konzentrationslager in Oberösterreich, S. 51. Die etwas unterschiedlichen Zahlen ergeben sich durch eine andere Berechnungsmethode. Bei Vernachlässigung von Freilassungen und Transporten in andere Konzentrationslager wurden als 100 Prozent die Zahl der Häftlinge Ende des Jahres plus die Toten des jeweiligen Jahres angenommen. Die damit errechnete Mortalität ergibt: 1938 3,5 %, 1939 14,3 %, 1940 38,28 %, 1941 33,79 %, 1942 50,48 %, 1943 24,88 %, 1944 16,76 %, 1945 44,25 %.

Mortalitäten nach Haftkategorien 1938 bis 1945 im KZ-System Mauthausen									
SS-Bezeichnung der Haftkategorie	**1938**	**1939**	**1940**	**1941**	**1942**	**1943**	**1944**	**1945**	**Gesamt**
§175		7,1%	14,1%	7,9%	16,4%	12,9%	8,7%	19,8%	35,8%
AZR		23,9%	44,4%	18,9%	21,0%	4,6%	5,2%	8,2%	47,8%
Berufsverbrecher	3,1%	9,3%	26,9%	9,7%	22.4%	5,1%	7,2%	17,5%	37,1%
Bibelforscher		0,0%	37,1%	0,0%	4,9%	2,4%	4,0%	10,6%	30,2%
Jude		0,0%	59,4%	87,8%	83,3%	59,1%	24,0%	43,0%	52,0%
Kriegsgefangener				12,4%	94,6%	21,3%	6,8%	20,1%	59,5%
Rotspanier			1,5%	46,3%	35,8%	6,4%	3,5%	1,0%	65,2%
Schutzhaft		11,1%	31,7%	47,5%	40,6%	14,7%	15,8%	32,8%	49,2%
Sicherungsverwahrung					14,7%	51,9%	15,5%	7,4%	60,5%
Wehrmachtsangehöriger				14,3%	7.7%	2,2%	10,6%	16,0%	20,3%
Zigeuner							13,0%	2,7%	4,8%
Zivilarbeiter					5,6%	10.4%	12,8%	22,2%	30,9%
Gesamt	3,1%	15,6%	28,6%	39,0%	43,2%	22,8%	15,3%	30,2%	49,0%

Tabelle 1: Gesamtmortalität als Anteil aller Verstorbenen an allen Deportierten einer Häftlingskategorie unter Berücksichtigung von Transporten in andere Konzentrationslager und Entlassungen zitiert aus: Andreas Kranebitter, Zahlen als Zeugen. Soziologische Analysen zur Häftlingsgesellschaft des KZ Mauthausen, Wien 2014, S. 196.

Der zwangsweise Arbeitseinsatz von KZ-Häftlingen, der vor allem in der zweiten Kriegshälfte für die deutsche Kriegswirtschaft entscheidende Bedeutung erlangte, führte zur Einrichtung von zahlreichen Außenlagern im Umfeld der großen Konzentrationslager, die sich wie ein Netz über das ganze deutsche Herrschaftsgebiet ausbreiteten. So unterstanden der Kommandantur des KZ Mauthausen neben dem Lager Gusen im Lauf des Krieges ca. 40 Außenlager auf österreichischem Gebiet. Von seiner Einrichtung 1938 bzw. 1940 bis zur Befreiung entwickelte sich das Doppellager Mauthausen/Gusen von einem Mordlager mit Steinbruch zu einem komplexen, arbeitsteiligen, für zehntausende Häftlinge tödlichen Netz von Lagern. Infolge dieser Politik stieg auch in Mauthausen/Gusen und seinen Außenlagern die Zahl der Häftlinge von ca. 14.000 Personen Anfang 1943 auf die fast doppelte Zahl Anfang 1944 und auf ca. 74.000 im Oktober 1944.[37]

Das Stammlager Mauthausen erhielt nach 1942 mehr und mehr die Funktion einer Verwaltungszentrale, die je nach Bedarf des Arbeitseinsatzes in den Außenlagern die Verteilung von Wachmannschaften und Häftlingen mit einer entsprechend umfangreichen Bürokratie steuerte. Die Produktion im Steinbruch wurde weiter aufrechterhalten, diese „Vernichtungsarbeitsplätze“ verloren aber mit der Produktionsdrosselung an Bedeutung. Das Stammlager behielt die Funktion, neu eingelieferte

37 Zahlen nach: Bertrand Perz, Verwaltete Gewalt. Der Tätigkeitsbericht des Verwaltungsführers im Konzentrationslager Mauthausen 1941 bis 1944, Wien 2013, S. 121, 202, 268.

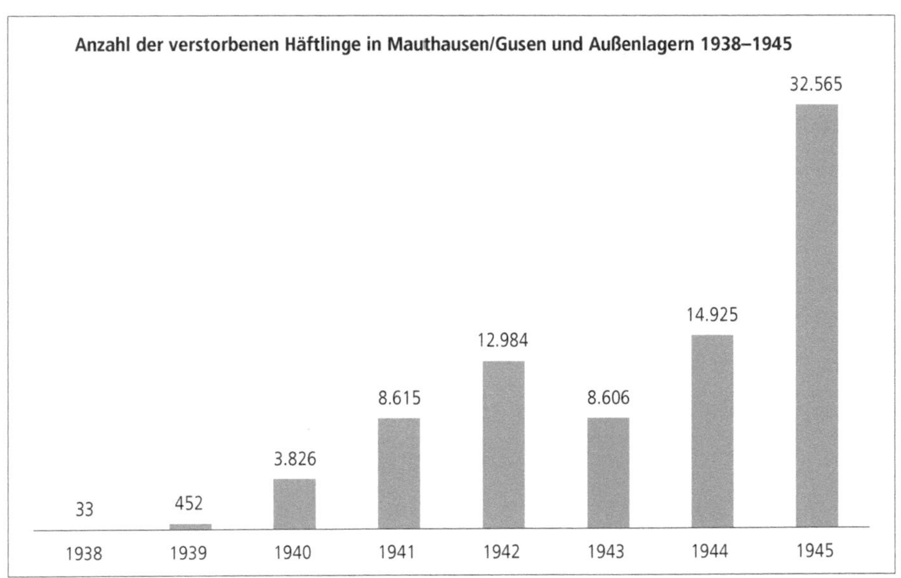

Diagramm 1: Anzahl der verstorbenen Häftlinge in Mauthausen/Gusen und den Außenlagern 1938 zitiert nach: Kranebitter, Zahlen als Zeugen, S. 236 f.

Häftlinge während der „Quarantäne“ psychisch zu brechen und ganze Gruppen, die zur Vernichtung bestimmt waren, im Strafkommando zu Tode zu quälen, in der Genickschussecke oder in der Gaskammer zu ermorden. Ab März 1943 kam außerdem die Funktion des „Sanitätslagers“ neu hinzu, das im Sinne der Ökonomisierung des KZ-Systems Mauthausen die Kranken aus Mauthausen, Gusen und den Außenlagern aufnahm.

Verteilung der männlichen Häftlinge im Hauptlager Mauthausen 1944[38]			
	Hauptlager (ohne Sanitätslager)	Sanitätslager	Sanitätslager in Prozent des Gesamtstandes des Hauptlagers Mauthausen
17.01.1944	5.697	3.351	37,0%
30.04.1944	4.947	5.372	52,1%
31.07.1944	5.619	5.470	49,3%
31.10.1944	8.733	4.680	34,9%
31.01.1945	9.118	5.097	35,9%
04.05.1945	11.797	5.435	31,5%

Tabelle 2: Verteilung der männlichen Häftlinge im Hauptlager Mauthausen 1944

38 Zahlen errechnet nach den Angaben bei Maršálek, Geschichte, S. 125 ff. Geringfügig abweichende Zahlen in: Bewegungen Außenkommandos, Kopie in: AMM E 6/5. Tabelle 2: Verteilung der männlichen Häftlinge im Hauptlager Mauthausen 1944.

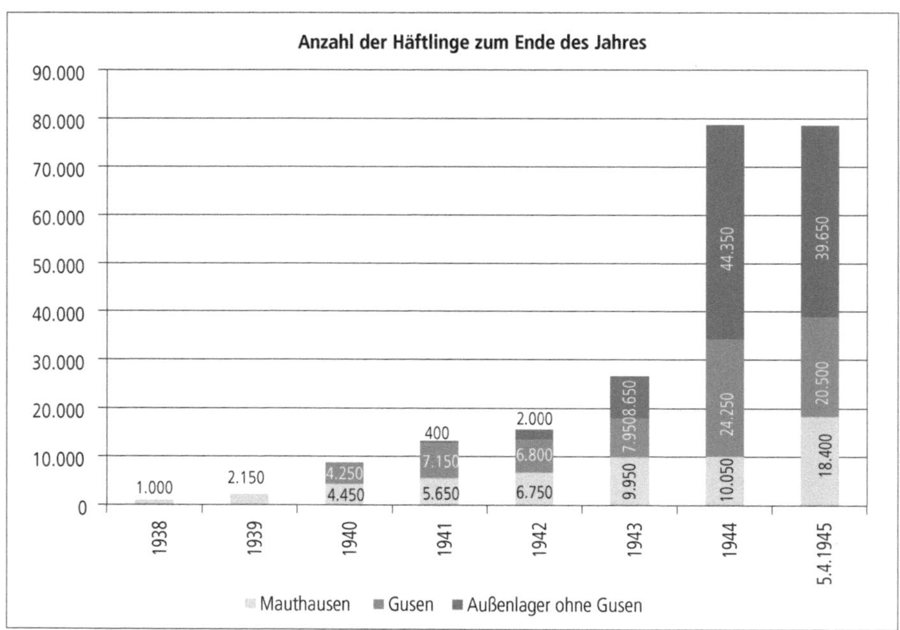

Diagramm 2: Schätzungen (gerundet) zur Zahl der Häftlinge am 31. Dezember des jeweiligen Jahres, verteilt auf Stammlager, Gusen und Außenlager (Basis der Schätzungen: METAD-Datenbank der KZ-Gedenkstätte Mauthausen; Maršálek: Geschichte; „Bewegungen Aussenkommandos" (AMM E/6/11); Perz: Verwaltete Gewalt; Kranebitter: Zahlen als Zeugen). (Zitiert nach: Florian Freund/Andreas Kranebitter, Zur quantitativen Dimension des Massenmords im KZ Mauthausen und den Außenlagern. In: Verein für Gedenken und Geschichtsforschung in österreichischen Gedenkstätten/Andreas Kranebitter (Hg.), Gedenkbuch für die Toten des KZ Mauthausen. Band 1: Kommentare und Biographien, Wien 2016, S. 58.)

Dem Sanitätslager kam vor allem eine wichtige Bedeutung für das Funktionieren der Außenlager zu. Für SS und die privaten und staatlichen Firmen war das Dahinsiechen und Sterben von abgearbeiteten Häftlingen in den Außenlagern ein den effizienten Arbeitseinsatz störender und Kosten verursachender Faktor, der durch systematische Rücktransporte in das Stammlager kleiner gehalten werden konnte.[39] Nach den Aufzeichnungen in den Totenbüchern kamen 1943 ca. 33 Prozent aller Verstorbenen des Konzentrationslagersystems Mauthausen im Stammlager ums Leben. 1944 stieg diese Zahl auf ca. 36 Prozent, obwohl sich im Schnitt nur noch 22,7 Prozent aller Mauthausener Häftlinge im Stamm- und Sanitätslager befanden.[40]

39 Zu den Rücktransporten aus den Außenlagern siehe: Freund, Arbeitslager Zement, S. 329 ff.; Bertrand Perz, Projekt Quarz. Steyr-Daimler-Puch und das Konzentrationslager Melk, Wien 1991, S. 459 ff.

40 Die Prozentzahlen der in den Totenbüchern des Standortarztes Mauthausen verzeichneten Toten nach: Fabréguet, Mauthausen, S. 165 ff.

Während die Sterblichkeit in den Außenlagern durch Rücktransporte nach unten gedrückt wurde, stieg diese im Stammlager Mauthausen an, das deshalb ab 1943/44 auch als Verwaltungslager mit angeschlossenem Sterbelager charakterisiert werden kann.[41]

Die ersten im Juni 1941 eingerichteten Außenlager wurden für die Zwecke der SS bzw. der ihr nahestehenden Institutionen errichtet.[42] Die Sterblichkeit in den insgesamt 13 derartigen Kleinlagern, in denen jeweils zwischen fünf und 300 Häftlinge festgehalten und ausgebeutet wurden, dürfte im Vergleich zu anderen Lagern relativ gering gewesen sein. Die Nutzung der Arbeitskraft der Häftlinge der genannten Lager war nicht auf unmittelbaren Gewinn ausgerichtet, sondern kam Institutionen wie der „Deutschen Versuchsanstalt für Ernährung und Verpflegung GmbH“ (Bretstein), dem „Deutschen Reichsverein für Volkspflege und Siedlerhilfe e.V.“ (Schloss Lind, St. Lambrecht, (Männer, Frauen)), dem „Sven Hedin-Institut für Innerasienforschung“ (Mittersill, Frauen) oder dem „SS-Institut für Pflanzengenetik“ (Schloss Lannach) zugute. Zum Teil wurden diese Lager durch das KZ Mauthausen übernommen, nachdem sie zuvor vom KZ Dachau bzw. KZ Ravensbrück verwaltet worden waren. Beim Bau einer SS-Junkerschule (Klagenfurt) und der Arbeit die „Kraftfahrtechnische Lehranstalt der Waffen-SS“ (Wien-Schönbrunn) waren Häftlinge unmittelbar für die SS tätig. Das erst im Dezember eingerichtete Kleinlager Gusen III wurde im unmittelbaren Zusammenhang mit der Lebensmittelversorgung Mauthausen und Gusen eingerichtet. Nicht ganz geklärt ist der Hintergrund der Einrichtung des Außenlagers St. Aegyd, in dem auch die Sterblichkeit wesentlich höher war, als in den anderen Kleinlagern.[43]

Wesentlich größer waren die ab 1942 eingerichteten Außenlager des KZ Mauthausen, die für den Bau und die Produktion in der Grundstoff- und Rüstungsindustrie eingerichtet worden waren. Der Einsatz von KZ-Häftlingen in eigenen Außenlagern bei Bau und Produktion von Grundstoff- und Rüstungsfirmen war zuerst nicht selbstverständlich. Bis 1942 versuchte die SS das Monopol bei der Ausbeutung der KZ Häftlinge zu bewahren.[44] Mit der Eingliederung der Inspektion der Konzentrationslager (IKL) im März 1942 als „Amtsgruppe D“ in das kurz zuvor eingerichtete Wirtschaftsverwaltungshauptamt der SS (WVHA) hoffte Himmler weiterhin der SS

41 Florian Freund, Mauthausen: Zu Strukturen von Haupt- und Außenlagern, in: Dachauer Hefte, H. 15 (1999), S. 254–272.

42 Informationen zu den einzelnen Lagern siehe: Florian Freund oder Bertrand Perz, Artikel zu Außenlager von Mauthausen, in: Benz/Distel (Hg.), Der Ort des Terrors, Bd. 4, S. 347–470. Freund/Perz, Konzentrationslager in Oberösterreich, S. 102 ff.

43 Vgl. Christian Rabl, Das KZ-Außenlager St. Aegyd am Neuwalde. Mauthausen-Studien Bd. 6, Wein 2008.

44 Hermann Kaienburg, Zwangsarbeit: KZ und Wirtschaft im Zweiten Weltkrieg, in: Wolfgang Benz/ Barbara Distel (Hg.), Der Ort des Terrors. Geschichte der nationalsozialistischen Konzentrationslager, Bd. 1, S. 183.

die alleinige Verfügungsgewalt über die Häftlinge zu sichern. Er wollte seine Machtbasis dadurch erweitern, dass die Häftlinge in Rüstungsbetrieben bei den Konzentrationslagern, statt an neuen Standorten bei den vorhandenen Betrieben der Privatwirtschaft arbeiten. Als nächsten Schritt hoffte die SS die Produktionen dieser Betriebe in eigener Regie zu übernehmen. Dazu kam es nur in Ansätzen wie etwa in Gusen, wo Steyr-Daimler-Puch im Frühjahr 1943 eine Gewehrfertigung einrichtete.[45] Starker Druck aus Industrie, Wehrmacht und durch Rüstungsminister Speer führten zur Entscheidung im September 1942, in Zukunft Häftlinge an die Industrie zu vermieten.[46] Die Betriebe sollten nicht in die KZ, sondern die KZ zu den Betrieben verlegt werden.

Im Bereich des KZ Mauthausen wurden für den Bau und die Produktion in der Grundstoff- und Rüstungsindustrie 19 Lager mit jeweils zwischen 400 und 5.000 Häftlinge eingerichtet. Regionale Schwerpunkte waren der oberösterreichische Zentralraum mit seinen neuen Rüstungsindustrien (Steyr-Daimler-Puch AG[47], Reichswerke „Hermann-Göring“[48]) und das Industriegebiet um Wien (Heinkel Schwechat, Flugmotorenwerke Ostmark in Wiener Neudorf[49], Rax-Werk in Wiener Neustadt[50]). Die Häftlinge leisteten Zwangsarbeit beim Bau und in der Produktion der Rüstungsbetriebe, beim Ausbau der industriellen Infrastruktur, beim Bau von Kraftwerken (Kraftwerk Ternberg und Großraming[51]) und bei Verkehrsbauten (Loibl-Pass-Tunnel[52]).

45 Bertrand Perz, Gusen I und II, in: Benz/Distel , Der Ort des Terrors, Bd. 4, S. 374.

46 Orth, System, S. 172.

47 Näheres zu Steyr-Daimler-Puch bei: Perz, Projekt Quarz; ders., Politisches Management im Wirtschaftskonzern. Georg Meindl und die Rolle des Staatskonzerns Steyr-Daimler-Puch bei der Verwirklichung der NS-Wirtschaftsziele in Österreich, in: Hermann Kaienburg (Hg.), Konzentrationslager und deutsche Wirtschaft 1939–45, Opladen 1996, S. 95–112.

48 Bertrand Perz, KZ-Häftlinge als Zwangsarbeiter der Reichswerke „Hermann Göring“ in Linz, in: Oliver Rathkolb (Hg.), NS-Zwangsarbeit: Der Standort Linz der „Reichswerke Hermann Göring AG Berlin“ 1938–1945. Bd. 1: Zwangsarbeit – Sklavenarbeit: Politik-, sozial- und wirtschaftshistorische Studien, Wien-Köln-Weimar 2001, S. 449–590.

49 Vgl. Bertrand Perz, Die Errichtung eines Konzentrationslagers in Wiener Neudorf. Zum Zusammenhang von Rüstungsexpansion und Zwangsarbeit von KZ-Häftlingen, in: Dokumentationsarchiv des österreichischen Widerstandes (Hg.), Jahrbuch 1988, Wien 1988, S. 88–116.

50 Vgl. Florian Freund/Bertrand Perz, Das KZ in der „Serbenhalle“. Zur Kriegsindustrie in Wiener Neustadt, Wien 1988.

51 Florian Freund, Zwangsarbeit beim Bau der Ennskraftwerke, in: Oliver Rathkolb/Florian Freund (Hg.), NS-Zwangsarbeit in der Elektriziätswirtschaft der „Ostmark“, 1938–1945. Ennskraftwerke – Kaprun – Draukraftwerke – Ybbs-Persenbeug – Ernsthofen, Wien 2002, S. 27–125; Adolf Brunnthaler, Strom für den Führer. Der Bau der Ennskraftwerke und die KZ-Lager Ternberg, Großraming und Dipoldsau, Weitra 2000.

52 Janko Tišler/Christian Tessier, Das Loibl-KZ. Die Geschichte des Mauthausen-Außenlagers am Loiblpass/Ljubelj, Wien 2007.

Außenlager	Lagertyp	Einrichtung	Auflösung	Höchster Stand der Häftlinge (Maximal-schätzung)	Zahl der namentlich bekannten Toten
Amstetten	Aufräumarbeiten	19.03.1945	18.04.1945	3.093	64
Bachmanning	Kleinlager	1942		20	0
Bretstein	Kleinlager	Jun.41	25.06.1943	170	7
Ebensee	U-Verlagerungslager	18.11.1943	06.05.1945	18.509	8.336
Eisenerz	Bau-/Produktionslager	15.06.1943	14.03.1945	400	27
Großraming	Bau-/Produktionslager	15.01.1943	29.08.1944	1.913	223
Gunskirchen (Wels I)	Auffanglager	27.12.1944	05.05.1945	15.000	1.728
Gusen I	Zweiglager	25.05.1940	05.05.1945	26.311	
Gusen II	U-Verlagerungslager	09.03.1944	05.05.1945		32.632
Gusen III	Kleinlager	26.12.1944	05.05.1945	274	
Hirtenberg	Bau-/Produktionslager	28.09.1944	16.04.1945	402	10
Klagenfurt	Kleinlager	19.11.1943	6./7.5.1945	130	2
Lannach	Kleinlager	Mär.44	8./9.05.1945	15	0
Leibnitz	U-Verlagerungslager	09.02.1944	01.04.1945	920	72
Lenzing	Bau-/Produktionslager	30.10.1944	04.05.1945	577	9
Linz I	Bau-/Produktionslager	11.01.1943	03.08.1944	960	
Linz II	U-Verlagerungslager	21.02.1944	05.05.1945	285	944
Linz III	Bau-/Produktionslager	22.05.1944	05.05.1945	5.660	
Loiblpaß (Nord u. Süd)	Bau-/Produktionslager	02.06.1943	6./8.5.1945	1.350	30
Mauthausen	Stammlager	08.08.1938	05.05.1945	20.300	27.834
Melk	U-Verlagerungslager	21.04.1944	15.04.1945	10.100	4.905
Mittersill	Kleinlager	24.03.1944	08.05.1945	15	0
Passau I	Kleinlager	16.10.1942	02.05.1945	83	6
Passau II	Bau-/Produktionslager	09.03.1944	07.11.1944	333	
Peggau	U-Verlagerungslager	17.08.1944	02.04.1945	888	116
Redl Zipf („Schlier")	U-Verlagerungslager	30.09.1943	03.05.1945	1.900	267
Schloss Lind	Kleinlager	22.06.1942	05.05.1945	30	0
St. Aegyd	Kleinlager	02.11.1944	01.04.1945	303	46
St. Lambrecht (Frauen)	Kleinlager	08.05.1943	11.05.1945	23	0
St. Lambrecht (Männer)	Kleinlager	13.05.1942	8/11.05.1945	115	0
St. Valentin	Bau-/Produktionslager	21.08.1944	23.04.1945	1.490	245
Steyr-Münichholz	Bau-/Produktionslager	14 03.1942	05.05.1945	2.000	292
Ternberg	Bau-/Produktionslager	15.05.1942	18.08.1944	400	11
Vöcklabruck	Kleinlager	06.06.1941	14.05.1942	400	0
Wels II	Aufräumarbeiten	25.03.1945	13.04.1945	2.000	
Wien Floridsdorf	Bau-/Produktionslager	13.07.1944	01.04.1945	2.750	
Wien-Floridsdorf (AFA-Werke)	Bau/Produktionslager	14.07.1944	01.04.1945	400	
Wien (Saurerwerke)	Bau-/Produktionslager	21.08.1944	02.04.1945	1.489	794
Wien Schönbrunn	Kleinlager	28.09.1944	01.04.1945	5	
Wien Schwechat	Bau-/Produktionslager	30.08.1943	13.07.1944	2.638	
Wiener Neudorf	Bau-/Produktionslager	02.08.1943	02.04.1945	2.956	261
Wiener Neustadt (1943)	Bau-/Produktionslager	20.06.1943	20.11.1943	1.238	73
Wiener Neustadt (1944)	Bau-/Produktionslager	05.07.1944	30.03.1945	697	
Schloss Hartheim	Vernichtungsstätte	1941	1944		4.502
Unbekannte Todesorte					471
Andere Todesorte					363
Gesamt					**84.270**

Tabelle 3: Bezeichnungen, Typologie, Errichtungs- und Auflösungsdatum der Teillager des KZ Mauthausen sowie Maximalschätzung des jeweiligen Höchststands der Häftlinge sowie Zahl der namentlich bekannten Toten von 8. August 1938 bis 30. Juni 1945. Ob die Lager Bachmanning und Wels II als eigene Außenlager zu betrachten sind, ist nicht restlos geklärt. Die Todesorte der Verstorbenen wurden im vorliegenden Gedenkbuch mangels Differenzierung in den Quellen vereinheitlicht, d.h. die Toten der KZ Linz I, II und III beispielsweise – da die SS in zahlreichen Fällen keinen spezifischen Ort nannte – mit „Linz" angegeben. (Zitiert nach: Freund/Kranebitter, Zur quantitativen Dimension, S. 63.)

Abb. 7: Photographer Sgt. Theodore Sizer, Fotograph der 166th Signal Corps company, American Signal Corps, steht in einer Gruppe von kurz zuvor befreiten weiblichen Häftlingen des Außenlagers Lenzing, 5. Mai 1945, Fotograph: Arnold E. Samuelson, U.S. Army Signal Corps, Fotoarchiv der KZ-Gedenkstätte Mauthausen/ Collection USHMM

Mit der offiziellen Einrichtung eines Frauenkonzentrationslagers in Mauthausen mit eigener Nummernserie wurden nicht nur die in den damaligen Alpen- und Donaureichsgauen gelegenen Außenlager des KZ Ravensbrück administrativ vom KZ Mauthausen übernommen[53], sondern zusätzlich Frauen in den Außenlagern Hirtenberg (Hirtenberger Patronenfabrik) und Lenzing (Zellwolle und Papierfabrik Lenzing AG) zur Zwangsarbeit gezwungen.[54]

Die Initiative zur Beschäftigung von KZ-Häftlingen bei den hier charakterisierten Bau- und Produktionslagern ging fast immer von der Industrie aus. Steyr-Daimler-Puch, 1942 noch im Besitz der Reichswerke Hermann Göring, war der erste Konzern, der bereits im März 1942 die Einrichtung eines eigenen Außenlagers in Steyr Münichholz erreichte.

53 Außenlager Mittersill, St. Lambrecht und Lannach.

54 Bertrand Perz, Hirtenberg, in: Benz/Distel (Hg.), Der Ort des Terrors, Bd. 4, S. 382–384; Florian Freund, Lenzing, in: Benz/Distel (Hg.), Der Ort des Terrors, Bd. 4, S. 389–391. Andreas Baumgartner, Die vergessenen Frauen von Mauthausen. Die weiblichen Häftlinge des Konzentrationslagers Mauthausen und ihre Geschichte, Wien 1997, S. 126 ff.

Die Lebens- und Arbeitsbedingungen in den Lagern für Zwecke der Grundstoff- und Rüstungsindustrie waren äußerst unterschiedlich. Sie waren abhängig vom Charakter der Arbeit, vom Verhalten der Betriebsleitungen und SS-Planungsstäbe und von der Dringlichkeit des Baues oder der Produktion und der damit verbundenen Arbeitshetze. Solange die Häftlinge bei Bauarbeiten im Freien arbeiten mussten, war auch die Sterblichkeit wesentlich höher als in Lagern, wo die Häftlinge ausschließlich geschützt in Hallen in der Produktion tätig waren, wobei es allerdings einen fließenden Übergang von Bau- zu Produktionslagern gab. Arbeit in der Produktion bedeutete auch, dass Häftlingsfacharbeiter bzw. angelernte Arbeiter für die Produktivität der Firmen eine größere Bedeutung hatten, da sie nicht so leicht durch neue Häftlinge ersetzt werden konnten.

Die bei weitem größten Außenlager wurden ab Ende 1943 für die „unterirdische Verlagerung" der Rüstungsindustrie eingerichtet.[55] Durch große unterirdische Stollensysteme sollten die Schlüsselindustrien der Kriegswirtschaft vor Luftangriffen geschützt untergebracht werden. 20 der größten, material- und arbeitsintensivsten

Abb. 8: Eine Gruppe von befreiten weiblichen Häftlingen des Außenlagers Lenzing, 5. Mai 1945, Fotograph: Arnold E. Samuelson, U.S. Army Signal Corps

55 Redl-Zipf („Schlier"), Ebensee, Leibnitz, Linz II, Melk, Peggau.

Projekte wurden der SS übertragen.[56] Himmler beauftragte den Leiter der Amtsgruppe C (Bauwesen) des WVHA, Hans Kammler, mit der baulichen Durchführung der von der SS übernommenen Projekte. Trotz bevorzugter Zuteilung von Baustoffen, Baumaschinen und des massenhaften Einsatzes von KZ-Häftlingen waren die beim Bau auftretenden Versorgungsprobleme, die technischen und geologischen Schwierigkeiten so groß, dass bis Anfang Jänner 1945 keine 200.000 Quadratmeter unterirdische Produktionsfläche fertig gestellt werden konnten. Planung und Organisation der Baudurchführung wurde eigenen Planungsbüros und Errichtungsgesellschaften überlassen, der Bau selbst durch Bergbaufirmen und private Bauunternehmungen durchgeführt.

Das erste große Stollenprojekt bei Ebensee im Salzkammergut mit dem Tarnnamen „Zement" wurde im Auftrag des Heereswaffenamtes für die Verlagerung der Forschungsanstalt Peenemünde durchgeführt.[57] In Redl Zipf (Tarnbezeichnung „Schlier") mussten die Häftlinge Brauereistollen ausbauen, die zur Herstellung von Raketentreibstoff und für den Test der Brennkammern dienten.[58] Die später eingerichteten Außenlager für den Bau von unterirdischen Anlagen gingen im Wesentlichen auf den Bedarf jener Rüstungsfirmen zurück, die in diese Anlagen verlegt werden sollten: Peggau und Leibnitz (für die Flugmotorenteileproduktion der Steyr-Daimler-Puch AG)[59], Gusen II (für die Messerschmitt-Jagdflugzeugproduktion), Melk[60] (für die Flugmotoren- und Kugellagerproduktion der Steyr-Daimler-Puch AG) und das Lager in Mödling-Hinterbrühl (Flugzeugwerke Heinkel), das dem KZ Wien-Floridsdorf zuzurechnen ist.[61] Das Außenlager Linz II ging auf eine direkte Intervention Hitlers zum Bau eines Luftschutzstollens für die Bevölkerung zurück. Sie mussten auch Brauereikeller ausbauen, die in der Folge für das Wälzlagerwerk der Steyr-Daimler-Puch AG Verwendung fanden.[62]

Die Stollenbauten für die unterirdische Verlagerung führten dazu, dass im Herbst 1944 fast 50 Prozent aller Häftlinge im KZ-System von Mauthausen dort Zwangsarbeit leisten mussten, wobei die Lager Ebensee und Melk sich neben dem Komplex Mauthausen/Gusen zu den größten Konzentrationslagern in Österreich entwickelten.[63] Die Rolle der SS war im Wesentlichen auf eine Verleihagentur für KZ-Arbeitskräfte beschränkt, die von den meist privaten Firmen angefordert wurden.

---

56 Perz, Projekt Quarz, S. 148 ff.

57 Freund, Arbeitslager Zement.

58 Freund, Redl Zipf („Schlier"). In: Benz/Distel (Hg.), Der Ort des Terrors, Bd. 4, S. 416–420.

59 Bertrand Perz, Leibnitz. In: Benz/Distel (Hg.), Der Ort des Terrors, Bd. 4, S. 386–389; Ders.: Peggau. In: Benz/Distel (Hg.), Der Ort des Terrors, Band 4, S. 414–416.

60 Vgl. Perz: Projekt Quarz.

61 Vgl. Bertrand Perz, Gusen I und II; Ders.: Leibnitz. In: Benz/Distel (Hg.), Der Ort des Terrors, Band 4, S. 386–389; Ders.: Peggau. In: Benz/Distel (Hg.), Der Ort des Terrors, Band 4, S. 414–416.

62 Vgl. Bertrand Perz: Linz II. In: Benz/Distel (Hg.), Der Ort des Terrors, Band 4, S. 394–398.

63 Vgl. Bertrand Perz: Der Arbeitseinsatz im KZ Mauthausen. In: Ulrich Herbert/Karin Orth/Christoph

Die Lebens- und Arbeitsbedingungen in den Lagern für den Bau von unterirdischen Anlagen waren extrem. Die Zwangsarbeit der Häftlinge fand unter Bedingungen statt, die mit der Arbeit in den Steinbrüchen von Mauthausen und Gusen vergleichbar waren. Die Arbeiten standen unter äußerstem Zeitdruck und die Häftlinge wurden durch permanenten Terror der Bewacher und Zivilarbeiter rücksichtslos angetrieben. In den Stollen herrschte Sommer wie Winter ein nasskaltes Klima, außerhalb der Stollen waren die Häftlinge schutzlos der Witterung ausgesetzt. Mangelnde Ernährung und medizinische Betreuung, Arbeitsunfälle und Misshandlungen trugen zur entsprechend hohen Mortalität bei.

Als die alliierten Luftstreitkräfte zudem in den letzten Wochen vor Kriegsende dazu übergingen, systematisch Verkehrswege zu bombardieren, um damit die Kriegswirtschaft endgültig zum Erliegen zu bringen, richtete die SS in Amstetten und Wels („Wels II“) für einige Wochen Außenlager ein, deren Häftlinge Aufräumarbeiten an Bahnhöfen durchführen mussten.[64] Über die dortigen Lebens- und Arbeitsbedingungen und deren Auswirkung auf die Mortalität ist nichts bekannt.

Das Lager Gunskirchen (Wels I), das nur kurz bestand, hatte keine ökonomische Funktion. Es wurde ab Ende Dezember 1944 von 400 Häftlingen im Wald in primitivster Bauweise errichtet und diente ab Mitte/Ende März als Auffanglager für ca. 15.000 nicht namentlich registrierte ungarische Juden, die in Todesmärschen dort hingetrieben worden waren. Die Lebensverhältnisse der überwiegend ungarischen Jüdinnen und Juden in diesem völlig improvisierten Lager war derart katastrophal, dass die Zahl der Todesfälle in nur wenigen Tagen über die aller anderen Außenlager anstieg.[65]

Die Lebens- und Arbeitsbedingungen in Mauthausen/Gusen wie in den Außenlagern waren äußerst unterschiedlich. Diese Unterschiede – je nach Funktion der Lager – wurden durch weitere Faktoren verstärkt. So wurde in den Stammlagern bereits durch die Architektur üblicherweise gezielt Herrschaftsraum geschaffen, der die Überwachung und Kontrolle effektiv sicherstellen sollte und der Inszenierung der absoluten Macht gegenüber den Häftlingen diente und ständig den Anforderungen der Konzentrationslager angepasst wurde.[66] Die SS, bemüht, die Kosten möglichst gering zu halten, konnte in den Außenlagern in der Regel nur improvisieren. Eile und Improvisation wirkten sich außerdem häufig auf die Hygieneeinrichtungen

---

Dieckmann(Hg.), Die nationalsozialistischen Konzentrationslager. Entwicklung und Struktur, Band 2 (Göttingen 1998), S. 533–557, S. 543.

64 Vgl. Florian Freund: Amstetten. In: Benz/Distel (Hg.), Der Ort des Terrors, S. 347–349; Ders: Amstetten. In: Benz/Distel (Hg.), Der Ort des Terrors, S. 444–445.

65 Vgl. Maršálek: Mauthausen, S. 234 f.

66 Wolfgang Sofsky, Die Ordnung des Terrors: Das Konzentrationslager. Frankfurt/M 1993, S. 61 ff.; Wolfgang Kirstein, Das Konzentrationslager als Institution totalen Terrors. Das Beispiel des KL Natzweiler, Pfaffenweiler 1992, S. 34.

in den Lagern aus, was insbesondere bei den größeren Lagern schwere Folgen für die Gesundheit der Häftlinge haben konnte.

Während im Hauptlager alle Beteiligten direkt vor den Augen der Kommandantur handelten und die Kontrolle unmittelbar war, waren die Handlungsspielräume in den Außenlagern wesentlich größer. Strategien von Häftlingsfunktionären, wie beispielsweise der Versuch, systematisch SS-Angehörige zu korrumpieren, um Vorteile für sich oder für Mithäftlinge zu erreichen, waren im Hauptlager wesentlich schwieriger durchzuführen als in den Außenlagern. Im Hauptlager bestand die Bewachung ausschließlich aus SS-Angehörigen. Anders in den Außenlagern. Ab Mitte 1944 kamen in den Außenlagern häufig nur die Führungspersonen aus den Reihen der SS, während die Mannschaften sich vor allem aus Soldaten des Heeres, der Luftwaffe und der Marine zusammensetzten.[67] Das Verhalten der Wehrmachtsangehörigen gegenüber den Häftlingen war höchst unterschiedlich und schwankte zwischen Brutalität und Unterstützung der Häftlinge.[68]

Die Außenlager waren im Gegensatz zum Stammlager wesentlich weniger von der Außenwelt abgeschlossen. In ihnen arbeiteten die Häftlinge Seite an Seite mit Zivilarbeitern, über die die SS nicht die volle Kontrolle hatte und zu denen der Kontakt wesentlich intensiver war, als mit den wenigen zivilen Angehörigen der DEST im Hauptlager und in Gusen. Häftlingen in den Außenlagern war es sogar manchmal möglich, Kontakte mit der Bevölkerung aufzunehmen, was im Hauptlager fast ausgeschlossen war.

67 Bertrand Perz, Wehrmacht und KZ-Bewachung, in: Mittelweg 36, 4. Jg., Okt./Nov.1995, S. 69–82; Bertrand Perz, Wehrmachtsangehörige als KZ-Bewacher, in: Walter Manoschek (Hg.), Die Wehrmacht im Rassenkrieg. Der Vernichtungskrieg hinter der Front, Wien 1996, S. 168–181.

68 Vgl. Freund, Arbeitslager Zement, S. 129 ff; Perz, Projekt Quarz, S. 227 ff.

3 Das Konzentrationslager Ebensee

3.1 Die Entscheidung zur Einrichtung eines KZ in Ebensee

Die Einrichtung des Konzentrationslagers Ebensee steht ebenso wie die der Außenlager Wiener Neustadt und Redl-Zipf im Zusammenhang mit dem Entschluss, durch die Entwicklung und Produktion von Raketenwaffen doch noch eine Wende des Krieges zugunsten Deutschlands herbeizuführen.[69]

Seit Herbst 1941 liefen gigantische Produktionsplanungen für Raketen. Nach dem ersten erfolgreichen Raketenabschuss am 3. Oktober 1942 und der Entscheidung Hitlers und Speers zur Serienproduktion der A4-Rakete konkurrierten SS, das Ministerium für Bewaffnung und Munition und das Heereswaffenamt um die Kontrolle dieses Rüstungsprogramms.[70] Unter dem Druck der alliierten Bombardierungen ab Mitte 1942 hatte die Industrie mit der Dezentralisierung („Oberirdische Verlagerung") innerhalb des Reichsgebietes begonnen. Dementsprechend wurde im Frühjahr 1943 die Serienproduktion von Raketen an drei bzw. später an vier Standorten geplant: beim Versuchsserienwerk in Peenemünde und beim Luftschiffbau Zeppelin in Friedrichshafen, beim Rax-Werk in Wiener Neustadt und bei der Lokomotivbaufirma DEMAG in Berlin-Falkensee.[71] Probleme technischer Natur und bei der Rohstoff- und Treibstoffbeschaffung im Frühjahr 1943 bereiteten den „Raketenpionieren" zunehmend Schwierigkeiten. Das schwerwiegendste Problem war jedoch die Beschaffung von Arbeitskräften. Die SS war es, die mit den KZ-Häftlingen über eine der letzten Arbeitskraftreserven verfügte.[72]

Seit Ende 1941 versuchte das Heereswaffenamt Häftlinge aus den Konzentrationslagern für die Heeresrüstung zu erhalten. Die SS zeigte sich wenig interessiert. Sie war im Allgemeinen nur dann an einer Bereitstellung von Häftlingen für die Rüstungsindustrie interessiert, wenn die Produktion innerhalb der Konzentrationslager stattfand und die dort erzeugten Produkte der Versorgung der SS mit Waffen dienten. Diese Position konnte die SS jedoch nicht lange aufrechterhalten. Ein Jahr nach

69 Dazu und zum Folgenden siehe: Freund, Arbeitslager Zement, S. 23–51; Florian Freund, Die Entscheidung zum Einsatz von KZ-Häftlingen in der Raketenrüstung, in: Hermann Kaienburg (Hg.), Konzentrationslager und deutsche Wirtschaft 1939–45, Opladen 1996, S. 61–76; Michael J. Neufeld, Die Rakete und das Reich. Wernher von Braun, Peenemünde und der Beginn des Raketenzeitalters, Berlin 1997.

70 Freund, Arbeitslager Zement, S. 26.

71 Der Sonderausschuss A4, der im Frühjahr 1943 die Steuerung der Produktion übernommen hatte, war von Lokomotivbaufirmen dominiert. Das Rax-Werk befand sich im Eigentum des Henschel-Konzerns, der Lokomotiven produzierte. Das DEMAG-Werk in Berlin produzierte ebenfalls Lokomotiven. Degenkolb, der Leiter des Sonderausschusses A4, war Direktor der DEMAG. Vgl. Freund, Arbeitslager Zement, S. 29.

72 Vgl. Ebd., S. 41 ff.

der grundsätzlichen Einigung über die Zwangsarbeit von KZ-Häftlingen in der Industrie schlug die Abteilung „Arbeitseinsatz im Sonderausschuß A4" im März 1943 vor, KZ-Häftlinge für Arbeiten im Versuchsserienwerk Peenemünde einzusetzen.[73]

Kurz darauf besuchte eine Delegation der Raketenbauer die Heinkelwerke in Oranienburg zur Erkundung der „Vorteile" des Einsatzes von KZ-Häftlingen. In einem Schlüsseldokument zum Verständnis des Einsatzes von KZ-Häftlingen, einem Aktenvermerk der Heeresversuchsanstalt Peenemünde vom 16. April 1943, wurden die „Vorteile" aufgelistet: Die höhere Produktivität der KZ-Häftlinge, da sie angeblich eine wesentlich geringere Fluktuation aufwiesen als zivile ausländische Arbeitskräfte; die Anforderung der Häftlinge je nach Bedarf nach Berufsgruppen; die Steigerung der Arbeitsleistung der Häftlinge durch die Einführung eines zusätzlichen Bonussystems. In einem Aktenvermerk der Heeresanstalt Peenemünde wurde im April 1943 festgehalten:

„Dieses System hat sich gut bewährt, wie auch überhaupt der Häftlingseinsatz gegenüber dem früheren Einsatz von Ausländern erhebliche Vorteile bietet, da insbesondere alle nichtarbeitseinsatzmäßigen Aufgaben von der SS übernommen werden und die Häftlinge die größere Sicherheit für die Geheimhaltung bieten."[74]

Alle diese „Vorteile" waren offensichtlich überzeugend. Da keine Zusagen für zusätzliche zivile in- oder ausländische Arbeitskräfte zu bekommen waren, forderten die Verantwortlichen des Sonderausschusses A4 und der Heeresversuchsanstalt Peenemünde einhellig KZ-Häftlinge von der SS. Der Entschluss, in Peenemünde ein Konzentrationslager einzurichten, stand Mitte April 1943 fest. Kurz darauf wurden auch für die Produktionsstandorte Friedrichshafen und Wiener Neustadt KZ-Häftlinge von der SS gefordert und wenig später trafen die ersten KZ-Häftlinge bei den drei Serienwerken ein.[75]

Bis Anfang August 1943 arbeiteten die KZ-Häftlinge nur beim Bau und der Einrichtung der Fabriken. Erst dann fiel die Entscheidung, dass sie auch in der Produktion arbeiten sollten. Trotz eines „Führerbefehls" war es nicht möglich gewesen, genügend deutsche Arbeitskräfte zu rekrutieren.[76] Ohne zivile ausländische Zwangsarbeiter, Kriegsgefangene und KZ-Häftlinge waren nicht nur der Bau und die Einrichtung der Serienwerke unmöglich, sondern auch die Produktion der Raketen selbst. Für Peenemünde waren 2.500 KZ-Häftlinge vorgesehen, bei den Zeppelinwerken in Friedrichshafen, im Raxwerk Wiener Neustadt und bei der DEMAG in Berlin-Falkensee je 1.500.

73 Ebd..

74 Heeresanstalt Peenemünde-VW, Aktennotiz T Nr. 10/43, 16.4.1943, Bundesarchiv/Militärarchiv (BArch/MArch) RH 8/1210 fol. 105 f. Vgl. Freund, Arbeitslager Zement, S. 43 f.

75 Beim nur kurze Zeit geplanten vierten Serienwerk in Berlin-Falkensee war bereits Anfang März 1943 ein eigenes Konzentrationslager errichtet worden.

76 Freund, Arbeitslager Zement, S. 47.

Um Sabotage zu verhindern und eine effiziente Ausbeutung zu garantieren, sollte ein deutscher Vorarbeiter fünf bis zehn KZ-Häftlinge beaufsichtigen.[77]

In der Nacht vom 17. auf den 18. August 1943 erfolgte der erste Angriff der Royal Air Force auf die Heeresanstalt Peenemünde. Nachdem wenige Wochen zuvor auch das Raketenwerk in Friedrichshafen bombardiert worden war und am 13. August 1943 amerikanische Luftstreitkräfte erstmals Wiener Neustadt angegriffen hatten, war die Absicht, noch im Sommer 1943 die Produktion in den Serienwerken aufzunehmen, zunichte gemacht worden. Nach längeren Verhandlungen zwischen Speer, Hitler und Himmler beschlossen diese, die bestehenden Serienwerke aufzulösen und die Raketenfertigung in einem einzigen unterirdischen Werk zu zentralisieren. In diesem Werk, das später bei Nordhausen eingerichtet wurde, mussten tausende Häftlinge des noch Ende August 1943 neu eingerichteten Konzentrationslagers Dora-Mittelbau unter den unmenschlichsten Bedingungen arbeiten.[78]

Die SS versuchte in dieser Situation ihren Einfluss auf das Raketenprogramm über das „Vermieten" von Häftlingen hinaus auszudehnen. Doch außer Häftlingen konnte die SS zur Raketenproduktion und der Verlagerung der Forschungs- und Fertigungsstätten in unterirdische Räume nichts beitragen. Von der SS übernommen wurden schließlich die Bauaufgaben für die Verlagerung der Raketenproduktionsstätten in Stollen, die eine außerordentlich große Zahl von Arbeitern verlangte. Wie bereits erwähnt ernannte Himmler SS-Brigadeführer Dr. Hans Kammler zum „Sonderbeauftragten für Baufragen der A4-Fertigung". Kammler war gleichzeitig Leiter des Amtes Bau im SS-Wirtschaftsverwaltungshauptamt und hatte damit ungehinderten Zugriff auf die Arbeitskraft der Häftlinge.[79]

Am 26. August 1943 beschlossen der Reichsminister für Rüstung und Kriegsproduktion Speer, Kammler, General Walter Dornberger vom Heereswaffenamt, Gerhard Degenkolb vom Sonderausschuß A4 (gleichzeitig Direktor der Demag) und Hauptdienstleiter Karl Otto Saur vom Munitionsministerium die Serienfertigung und die Neuentwicklung von Raketen völlig zu trennen und ein neues unterirdisches Werk für die Forschung und Entwicklung zu errichten, in dem die „A9" und die Flakrakete „Wasserfall" entwickelt werden sollten. Generaloberst Fromm genehmigte am 20. Oktober 1943 das von Kammler, dem Bauverantwortlichen der SS, vorgelegte Projekt „Zement" in Ebensee. Kammler sagte den Peenemünder Ingenieuren die Errichtung der Stollen innerhalb von fünf Monaten zu.[80]

77 Ebd., S. 48.

78 Vgl. Ebd., S. 51 ff.; zum KZ Dora-Mittelbau siehe: Jens Christian Wagner, Mittelbau Dora – Stammlager. In: Benz/Distel, Der Ort des Terrors, Bd. 7, S. 223–289. Jens Christan Wagner, Produktion des Todes. Das KZ Mittelbau-Dora, Göttingen 2001.

79 Freund, Arbeitslager Zement, S. 53.

80 Freund, Arbeitslager Zement, S. 62.

Das Projekt war neben Dora-Mittelbau das zweite große unterirdische Bauvorhaben und der erste Neubau einer unterirdischen Anlage, den die SS im Auftrag des Ministeriums Speer und des Heeres durchführen sollte. Ausschlaggebend für die Ortswahl Ebensee war der Eisenbahnanschluss, die erwartete geringe Luftfeuchtigkeit in den zu errichtenden Stollen, die Tarnung durch den weiterhin arbeitenden Steinbruch und die Nähe zum Konzentrationslager Mauthausen.

Das neben Wiener Neustadt und Ebensee dritte Konzentrationslager in Österreich, das für die Raketenrüstung eingerichtet wurde, war Redl-Zipf in Oberösterreich. In den Kellern der dortigen Brauerei wurden ab 11. Oktober 1943 jene Anlagen zur Erzeugung von Raketentreibstoff und Vorrichtungen zum Test von Brennkammern aufgebaut, die ursprünglich zur Ergänzung des Serienwerkes in Wiener Neustadt vorgesehen waren.[81]

Der mit KZ-Häftlingen durchgeführte Ausbau der unterirdischen Anlagen bei Nordhausen und der ebenso betriebene Neubau von Stollen in Ebensee wurden zum Modell für die Verlagerung der Industrie in vor Luftangriffen geschützte unterirdische Räume. Gegen den Einsatz von KZ-Häftlingen und die unmenschlichen Arbeits- und Lebensbedingungen gab es von keiner Seite Einwände.

Am 18. November 1943 trafen die ersten Häftlinge in Ebensee ein. Sie mussten bei der Errichtung des Lagers und zweier riesiger Stollenanlagen Zwangsarbeit leisten. Nach den Planungen der Peenemünder Ingenieure sollte die Stollenanlage „A“ alle wesentlichen Einrichtungen der Forschungsanstalt Peenemünde aufnehmen. Die Stollenanlage „B“ war für die Prüfstände der Raketen vorgesehen. Das Ingenieurbüro Fiebinger, das beste Verbindungen zur SS hatte und zu dieser Zeit bereits für andere Projekte Kammlers tätig war, erstellte im Auftrag Kammlers die Stollenpläne.[82] Um die Verwirrung über die verschiedenen Decknamen, die für die Baustelle in Ebensee verwendet wurden, zu beseitigen, befahl SS-Brigadeführer Kammler am 8. Dezember den Namen „Zement“ anstelle der bis dahin gebräuchlich gewordenen Tarnbezeichnung „Kalk“ zu verwenden.

Das „Entwicklungswerk“ mit Konstruktionsbüros, Laboratorien und Werkstätten sollten in der Stollenanlage „A“ untergebracht werden, die Prüfstände in der Stollenanlage „B“. Die Übersiedlung aus Peenemünde sollte erst dann erfolgen, wenn beide Stollenanlagen fertiggestellt waren.

Eine Fertigstellung noch während des Jahres 1944 war von vornherein in Frage gestellt. Bis Ende Februar 1944 waren nicht einmal die Planunterlagen für die Stollenanlagen fertiggestellt. Wegen geologischer Schwierigkeiten und ständig neuer Forderungen der Peenemünder Raketenforscher nach mehr Raum und darauf fol-

81 Paul Le Caër: Ein junger Europäer in Mauthausen. Mauthausen-Studien Bd. 2, Wien 2002.
82 Freund, Arbeitslager Zement, S. 68.

Abb. 9: Ausgebauter Stollen in der Anlage „A", 1989, Fotograf: Michael Wrobel

gender Befehle des Rüstungsministeriums, Bauvolumen einzusparen, aber auch wegen allgemeiner kriegswirtschaftlicher Schwierigkeiten war die Fertigstellung der unterirdischen Anlagen alsbald nicht mehr absehbar.[83] Gleichzeitig spitzte sich ab dem Frühjahr 1944 die militärische und kriegswirtschaftliche Situation des Deutschen Reiches krisenhaft zu.

Der strategische Luftkrieg der Alliierten gegen die deutsche Flugzeug- und Treibstoffproduktion zwang die NS-Führung, den Schwerpunkt der Rüstung auf die Produktion von Jagdflugzeugen zu verlegen. Dadurch sollte ein Mittel zur aktiven Abwehr der alliierten Luftangriffe geschaffen werden. Ein passiver Schutz der wichtigsten Produktionsanlagen sollte durch deren Verlegung in unterirdische Räume gewährleistet werden. Da die A4-Raketen trotz eines gigantischen Aufwandes auch im Som-

83 Näheres dazu bei: Freund, Arbeitslager Zement, S. 61 ff.

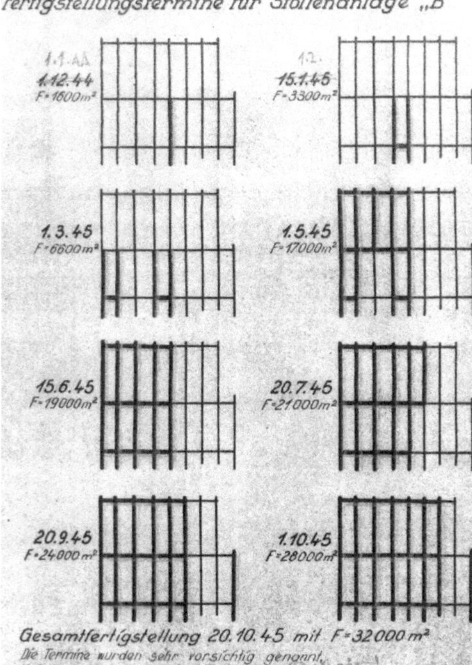

Abb. 10: Fertigstellungstermine für die Stollen der Anlage „B", Deutsches Museum, Sammlung Peenemünde

mer 1944 noch nicht einsatzbereit waren und die Alliierten im Juni 1944 in der Normandie gelandet waren, entschied Hitler, dass ein Teil der Stollen in Ebensee nun anders verwendet werden sollten, da eine Fertigstellung der Stollen und eine Inbetriebnahme für die Zwecke Peenemündes nicht vor Ende 1945 zu erwarten war.[84]

Noch war Anfang Juli 1944 die Verwendung der Stollen offen. Reichsminister Speer besichtigte im Anschluss an die Rüstungstagung in Linz am 6. Juli 1944 die unterirdischen Anlagen in Gusen (Bauvorhaben „B 8"), wo KZ-Häftlinge des dortigen Lagers eingesetzt waren, und anschließend die Anlagen in Ebensee („Zement"). Kammler meldete darüber an den persönlichen Stab des Reichsführers SS Himmler, dass Speer „von beiden Bauvorhaben der Waffen-SS vollkommen befriedigt gewesen sein" soll.[85]

Noch am selben Tag traf Speer bei Hitler auf dem Obersalzberg ein, um Fragen der deutschen Rüstung zu besprechen. Speer machte nun den Vorschlag, die Stollen

84 Freund, Arbeitslager Zement, S. 80 ff.
85 Schreiben Kammler an RFSS persönl. Stab, 12.7.1944, BArch. NS 19 neu/2065.

von Ebensee für die Erzeugung von Panzergetrieben zu nützen. Die aktuelle Lage an den Fronten und neue kriegswirtschaftliche Prioritäten hätten eine Änderung der Planung notwendig gemacht. Es erschien ihm wichtiger, die unterirdischen Anlagen in Ebensee kurzfristig zu nutzen, um vom Bombenkrieg besonders schwer getroffene Industrien schützen zu können, als auf die Verwendung durch die Forschungsanstalt Peenemünde zu warten, die nur langfristig Nutzen für die deutsche Kriegsführung bringen konnte.

Hitler musste nun dem Drängen Speers und des Jägerstabes, eines Anfang März 1944 gebildeten interministeriellen Komitees zur Steuerung der Luftrüstung, nachgeben. Speer notierte am 10. Juli:

„Der Führer ist damit einverstanden, daß ‚Zement' für den Bau von Panzergetrieben verwendet wird. Ich habe ihn vorher darauf aufmerksam gemacht, daß an die Auswertung der Entwicklungsarbeiten und Versuche der A4, die in ‚Zement' ab Februar 1945 durchgeführt werden sollen, nicht vor Ende 1945 gedacht werden kann. Der Führer stimmt dem Vorschlag zu, nachdem er nochmals betont, daß alle diese weitreichenden Programme nicht zu verantworten seien, und legt fest, daß die Getriebefertigung in ‚Zement' einziehen kann."[86]

Abb. 11: Stollen in der Stollenanlage „B", von der US Army vorgefundene Maschinen, 1945, Fotograf: unbekannt, Service historique de la Défense, Archives Iconographiques, Vincennes

86 Besprechungspunkte, 6.8.7.44, Punkt 3, Boelcke, Rüstung, S. 390.

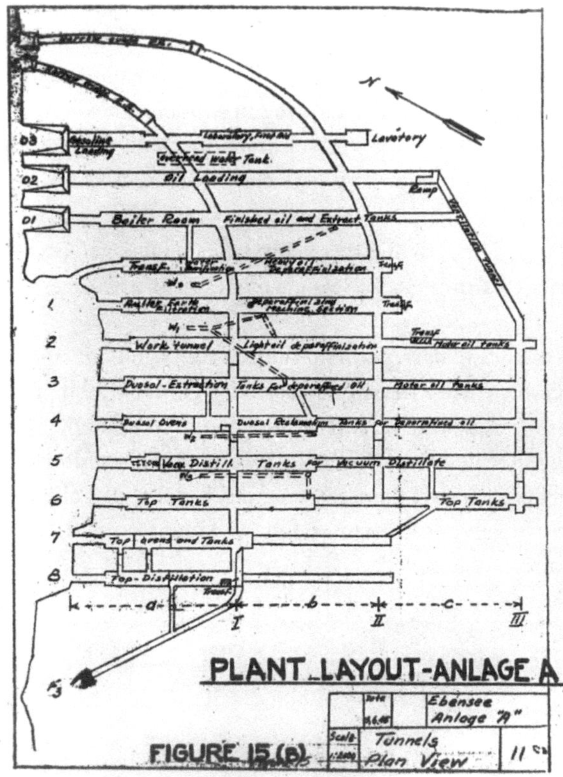

Abb. 12: Plan der Raffinerie Ebensee in der Stollenanlage „A", 16.3.1946, . German underground installations, part two of three. Adaptation of existing facilities. Joint intelligence objectives Agency, Washington D.C., Sept. 1945.

Doch auch diese Planungen wurden durch die alliierten Luftangriffe zu Makulatur. Ab Mai 1944 begannen die Alliierten systematisch und mit Erfolg die deutsche Treibstoffversorgung zu bombardieren. Edmund Geilenberg, der zum „Generalkommissar für Sofortmaßnahmen" mit außerordentlichen Vollmachten zur Rettung der Treibstoffproduktion ernannt worden war, konnte sich in kürzester Zeit gegen andere Interessen durchsetzen und im Rahmen des „Mineralölsicherungsplanes" die Stollenanlage „A" in Ebensee für eine Raffinerie beanspruchen, die bis Kriegsende zum Teil tatsächlich in Betrieb ging.[87] Die fertiggestellten Bereiche der Raffinerie in Ebensee konnten jedoch nicht mit voller Kapazität arbeiten, da die Alliierten ab Herbst 1944 begannen, die Verkehrswege systematisch zu bombardieren. Dadurch legten sie das Verkehrssystem lahm, das durch die Dezentralisierung der Industrien ohnehin überlastet war.[88]

87 Freund, Arbeitslager Zement, S. 88 ff.
88 Ebd., S. 88 ff.

Im August 1944 schafften es die Raketentechniker, die Konstruktionsfehler der A4-Rakete zu beseitigen. Die Produktion und Entwicklung neuer Raketen erhielt abermals Priorität, da die NS-Führung ihre irrationale Hoffnung, durch „Wunderwaffen“ der ausweglosen militärischen Situation zu entkommen, nicht aufgegeben hatte. Erst Ende des Jahres 1944 wurde der Plan, die Stollenanlage „B“ für die Raketenforscher auszubauen, definitiv aufgegeben. Die bereits fertig gestellten Stollen 4 und 5 der Anlage „B“ erhielt die Firma Steyr-Daimler-Puch AG, die dort bis zum Ende des Krieges Motorteile für Lastwagen und Panzer erzeugte. Die zum Steyr-Konzern gehörenden Nibelungenwerke erhielten die Stollen 1 und 2, um dort Bremstrommeln für Panzer herzustellen. Der Ausbau der Stollenanlage – nun für Zwecke des Steyr-Daimler-Puch-Konzerns – ging bis zum 4. Mai 1945 in unvermindertem Tempo weiter.[89]

Abb. 13: Besprechung bei der Stollenanlage A in Ebensee. V.l.n.r.: Hans Kammler, Karl Fiebinger, Volkmar Grosch, Fotograph unbekannt, Archiv Gedenkstätte Ebensee

89 Ebd., S. 108 ff.

3.2 Die Einrichtung des Lagers

Am 18. November 1943 trafen die ersten Häftlinge in Ebensee ein. Ihre Zahl stieg bis Ende des Jahres auf über 500 an. Obwohl diese Häftlinge aufgrund ihrer beruflichen Qualifikation und Arbeitsfähigkeit ausgesucht worden waren, verloren sie durch die schwere Arbeit beim Aufbau des Lagers und bei der Vorbereitung der Stollenbaustellen rasch an Kraft. Bereits nach wenigen Wochen wurden die ersten Häftlinge als „arbeitsunfähig" nach Mauthausen zurücktransportiert.[90]

Zuerst waren die Häftlinge provisorisch im Gebäude der ehemaligen „Weberei", einem Fabriksgebäude ohne besondere Einrichtungen untergebracht.

„Gleich am zweiten und dritten Tag nach uns kamen die nächsten Transporte aus Mauthausen und Wiener Neustadt, womit die Vorbereitungsarbeiten begonnen hatten. In einem Fichtenwald unterhalb eines hohen Berges auf einem etwas erhöhten Platz, vielleicht drei bis vier Kilometer vom Städtchen entfernt, begann man mit der Errichtung des eigentlichen Lagers. Die Arbeit war hart und das Klima rau. Zum Jahreswechsel 1943/44 fing der Winter im November an, und die letzten Reste vom Schnee hatten wir noch etwa bis Mai. Als das Lager errichtet wurde, war der Wald von einer eineinhalb und mehr Meter hohen Schneedecke überzogen. An den Stellen, wo die Baracken stehen sollten, musste man den Schnee wegschaufeln, die Bäume mussten gefällt werden, in die vom Frost gefrorene Erde mussten Pfähle hineingetrieben werden, es schneite ohne Unterbrechung, und wir hatten das Gefühl, als würde die Welt aus Schnee bestehen und als wäre Schnee ihre Grundmaterie. Gearbeitet wurde zehn bis elf Stunden am Tag. In unzureichender Bekleidung, an den Füßen Holzpantoffeln mit Leinenoberteil und einer dicken unbiegsamen Holzsohle, an der der Schnee immer kleben blieb und das Gehen erschwerte. Andere Kommandos bereiteten den eigentlichen Bau vor. Sie reinigten das Terrain unterhalb des Berges, sie schafften Steine aus dem Weg, sie luden Baumaterial, Maschinen, Eisenkonstruktionen und Ähnliches ab."[91]

Die Arbeiten am Bau des Lagers kamen rasch voran. Bereits im Februar 1944 wurden die Häftlinge in das neu aufgebaute Konzentrationslager verlegt. Das Lager befand sich auf einem dicht bewaldeten Gelände, in das die Baracken so eingefügt worden waren, dass möglichst wenige Bäume gefällt werden mussten. Im Mai und Juni mussten die Häftlinge das Lager „verschönern", da der Besuch des Rüstungsministers Speer angekündigt war.[92] Die SS rechnete aber auch von vornherein mit einer hohen Anzahl von Toten: Bereits im Frühjahr 1944 ordnete sie den Bau eines Krematoriums an, das am 31. Juli 1944 in Betrieb ging.

90 Ebd., S. 127.
91 Drahomír Bárta, Zur Geschichte der illegalen Tätigkeit, S. 107 f.
92 Vgl. Freund, Arbeitslager Zement, S. 196.

Abb. 14: Krematorium nach der Befreiung, 22./23. Mai 1945, Fotograf: Bohuslav Bárta, Privatarchiv Bárta, Prag

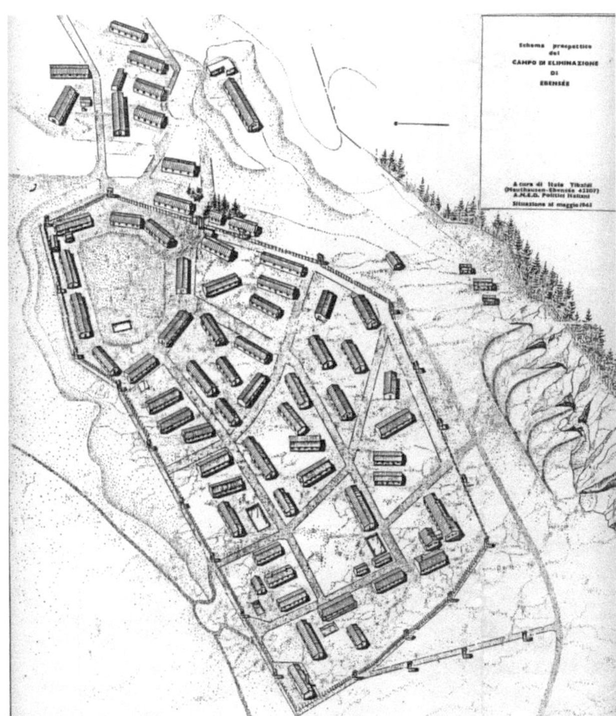

Abb. 15: Skizze des Lagers von Italo Tibaldi (ca. 1980)

Abb. 16: Häftlingsbaracke, ca. 22./23. Mai 1945, Fotograf: Bohuslav Bárta, Privatarchiv Bárta, Prag

Bis zum Frühjahr 1945 wurde das Lager laufend ausgebaut. Innerhalb der elektrisch geladenen Umzäunung gab es 32 Unterkunftsbaracken, zwei Werkstättenbaracken, zwei Revierbaracken mit „Schonungsblöcken", eine Wäscherei mit Trockenraum, eine Häftlingsküche mit Lebensmittelmagazin, eine Lagerältestenbaracke

Abb. 17: Lagerstraße, ca. 22./23. Mai 1945, Fotograf: Bohuslav Bárta, Privatarchiv Bárta, Prag

mit „Kantine“, eine Lagerschreibstube, eine Waschbaracke und das Krematorium.[93]

In den Baracken, im Lagerjargon „Blocks“ genannt, herrschten von Monat zu Monat schlechtere Zustände. Lebten im Frühjahr 1944 in jedem Block ca. 500 Häftlinge, so stieg deren Zahl bis im Frühjahr 1945 auf jeweils über 1.000 an. Die Blocks waren mit dreistöckigen Bettgestellen und Matratzen ausgestattet, die mit Stroh und Sägespänen gefüllt waren. Zum unerträglichen Platzmangel kamen völlig unzureichende hygienische Umstände. Läuse waren allgegenwärtig und Träger von Infektionskrankheiten.[94]

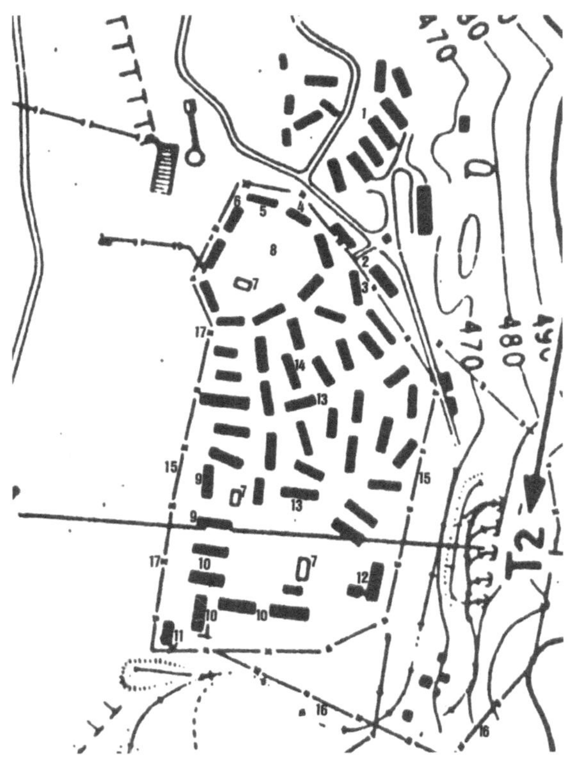

Abb. 18: Ausschnitt aus der Auswertung der US Luftbildaufnahme, klar wurden die große und kleine Postenkette und die Baracken erkannt, T2 (Target 2) bezeichnet das Ziel für einen eventuellen Luftangriff, die Stolleneingänge zur Anlage „B“, NARA RG 243, Damage Assessment Folder 3.a. (781) Ebensee.

Legende (vom Autor eingefügt):
1 SS-Lager
2 Lagertor
3 Lagerschreibstube
4 Häftlingsküche
5 Lebensmittelmagazin
6 Zimmer des Lagerältesten
7 Feuerlöschteich
8 Appellplatz
9 Schonungsblock
10 Krankenblock (Revier)
11 Krematorium
12 Bad, Desinfektion
13 Waschbaracke
14 Toilette
15 Kleine Postenkette
16 Große Postenkette
17 Wachturm

93 Ebd., S. 194 ff.

94 Ebd., S. 197 ff.

3.3 Bewachung

SS-Hauptsturmführer Georg Bachmayer[95], der Schutzhaftlagerführer von Mauthausen, hatte in den ersten Wochen nach der Einrichtung des Lagers die Funktion des Lagerführers inne.[96] Sein Nachfolger wurde dann für kurze Zeit Alfons Bentele.[97] Über seine Person und die Gründe seiner Abberufung ist wenig bekannt. Anfang 1944 erhielt SS-Obersturmführer Otto Riemer[98] den Posten des Lagerführers. Er wird von den überlebenden Häftlingen als äußerst brutaler Mensch beschrieben, der laufend selbst folterte und mordete. Am 23. Mai 1944 erschoss er betrunken mindestens acht Häftlinge eines Arbeitskommandos. Nachdem der Versuch, die Morde zu vertuschen, gescheitert war und Zivilarbeiter, die fürchteten, „ihre" Arbeiter zu verlieren, Mauthausen benachrichtigt hatten, wurde er noch auf dem Appellplatz von Ebensee degradiert und zur Poststelle von Gusen versetzt.[99] Am 26. oder 27. Mai übernahm Obersturmführer Anton Ganz[100] die Funktion des Lagerführers. Nach den Erzählungen der ehemaligen Häftlinge war er nicht weniger grausam als Riemer, doch setzte er den Terror gezielt zur Erzwingung von Arbeitsleistung ein.

„Im Lager ging er nur mit einer Peitsche; bei Begegnung von Häftlingen schlug er diese ohne Grund, ansonsten hat er sie geboxt. Wenn diese hinfielen, trat er sie, trat auf sie, würgte sie dadurch, daß er mit dem Fuß seiner hohen Stiefel ihnen den Hals abschnürte, mit dem Schuh trat er sie ins Gesicht usw. Sehr oft blieben die Gefangenen nach einem derartigen Tobsuchtsanfall tot auf der Erde liegen. Sehr oft führte er im Lager eine Dogge mit, hetzte sie auf die Gefangenen, sodaß nicht nur einer durch dieses Tier zerrissen wurde. Ganz hat Befehl zum Totschlagen gegeben, zur Hinrichtung vieler weiterer Gefangenen und hunderte von Gefangenen sind infolge seines Regimes und verschiedener unmenschlicher Einrichtungen umgekommen. Wegen

95 Georg Bachmayer, geb. 12.5.(?)1913 in Fridolfing, erster Schutzhaftlagerführer in Mauthausen, bei Einrichtung des KZ Ebensee kurzzeitig Lagerführer im KZ, letzter Dienstgrad SS-Hauptsturmführer, Selbstmord am 8.5.1945.

96 Näheres zur Bewachung: Freund, Arbeitslager Zement, S. 145 ff.

97 Alfons Bentele wurde am 2. August 1899 in Isenbretzhofen geboren. Er durchlief eine charakteristische Laufbahn: 1934–1938 in Dachau, 1938–1941 Mauthausen, 1941–1942 Majdanek, 1942–1943 Neuengamme. Sein letzter Dienstgrad war SS-Hauptsturmführer. Alle Angaben nach: French L. MacLean, The Camp Men. The SS Officers Who Ran the Nazi Concentration Camp System, Atglen 1999, S. 38.

98 Otto Riemer wurde am 14.4.1890 in Pforzheim geboren und hatte zuletzt den Rang eines SS-Obersturmführer. MacLean, The Camp Men, S. 190. Unterschiedliche Angabe bei: Schreiben Bundesministerium für Inneres, Generaldirektion für öffentliche Sicherheit, an Gendarmerie-Erhebungsexpositur beim Kreisgericht Wiener Neustadt, Landesgericht Wien AZ 20 Vr 3625/75 (Gogl). Danach wurde Riemer am 19.5.1897 in Rastatt geboren und angeblich Anfang Mai 1945 bei St. Pölten auf der Flucht erschossen oder von ehemaligen Häftlingen des KZ Mauthausen getötet.

99 Zeugenaussage Magnus Keller, 28.5.1968, Z St Ludwigsburg, AZ 419 ARZ 4/64 (Ganz).

100 Anton Ganz wurde am 6.2.1899 in Kettershausen geboren. Er gehörte der Wachmannschaft des KZ Hinzert an, ab 1942 im KZ Mauthausen. 1943 wurde er Lagerführer im KZ Wiener Neustadt, danach Lagerführer im KZ Ebensee. Z St Ludwigsburg, AZ 419 ARZ 4/64 (Ganz). 1972 wurde er vom Landgericht in Memmingen zu lebenslanger Haft verurteilt und starb kurz danach in Haft.

seiner Brutalität haben ihm die Gefangenen des Konzentrationslagers Ebensee mit Recht den Namen ‚Tiger' gegeben."[101]

„Rapportführer" und gleichzeitig „Arbeitseinsatzführer" war Hermann Pribill[102], der in diesen Funktionen für die Arbeitseinteilung der Häftlinge und die Arbeitskommandos zuständig war. Damit war er dafür verantwortlich, dass auch kranke und entkräftete Häftlinge rücksichtslos zu den Arbeitskommandos eingeteilt wurden.

Das Häftlingslager durften nur der Lagerführer, der Rapportführer, das SS-Sanitätspersonal und die Blockführer (die die Unterkünfte der Häftlinge überwachten) betreten. Die Blockführer waren sicherlich diejenigen, die am meisten persönlichen Kontakt mit den Häftlingen hatten. Blockführer in Ebensee waren Hans Bühner[103], Vinzenz Gogl[104], Mathias Frindt[105], ein gewisser Stadler, Franz Rauscher, Jantes, Hans (?) Christ, Max Krämer[106], Hans Kurbel und Hubert Henkel.[107] Einige dieser Blockführer waren wegen ihrer Unmenschlichkeit äußerst gefürchtet. Übereinstimmend erzählen viele Häftlinge, dass Hans Bühner, der von den Franzosen der „blonde Panther" genannt wurde, unter ihnen der unerträglichste war.[108] Die Blockführer hatten Macht über Leben und Tod der Häftlinge und dürften einen gewissen Handlungsspielraum gehabt haben, da sie von den überlebenden Häftlingen durchaus unterschiedlich charakterisiert wurden.

Außen wurde das Lager von einer „Kleinen" und im weiten Umkreis von einer „Großen Postenkette" bewacht. Beide wurden von SS-Wachkompanien gebildet. Da die SS selbst nicht genug Personal hatte, wurden ab Sommer 1944 Wehrmachtsangehörige zur Bewachung des KZ Ebensee abkommandiert. Mit dem Anstieg der Häftlingszahl stieg auch die Zahl der Bewacher. Die einzigen bekannten Zahlen der Bewacher stammen aus dem Frühjahr 1945. Zu diesem Zeitpunkt befanden sich in Ebensee 4 SS-Führer, 128 Unterführer und 475 Mann Bewachungspersonal, in der Mehrheit Angehörige der Wehrmacht.[109]

101 Zeugenaussage Drahomír Bárta, 24.9.1966, Z St Ludwigsburg, AZ 419 ARZ 4/64 (Ganz).

102 Hermann Pribill, geboren 1900, wurde im „Mauthausen Concentration Camp Case" vom amerikanischen Militärgericht in Dachau am 13.5.1946 zu Tode verurteilt und am 28.5.1947 hingerichtet. Zum Dachauer Prozess siehe: Florian Freund, Der Dachauer Mauthausenprozess, in: Dokumentationsarchiv des österreichischen Widerstandes (Hg.), Jahrbuch 2001, Wien 2001, S. 35–67.

103 Hans Bühner, SS-Blockführer, von einem französischen Gericht zum Tod verurteilt und hingerichtet.

104 Vinzenz Gogel, SS-Blockführer, 1972 Freispruch vor dem Landesgericht Linz, Aufhebung des Urteils durch den Obersten Gerichtshof, 1975 neuerlicher Freispruch vor dem Landesgericht Wien.

105 Mathias Frindt geb. am 26.2.1924 in DolnyTurcek/Unter-Turz (Slowakei) Blockführer in Ebensee, 1947 vom amerikanischen Militärgericht in Dachau zum Tod durch den Strang verurteilt, am 29. Oktober 1948 hingerichtet.

106 Krämer, Max, SS-Blockführer, 1946 vom amerikanischen Militärgericht in Dachau zu 20 Jahren Haft verurteilt, Begnadigung Anfang der 1950er-Jahre.

107 Personalliste des KZ Ebensee, Privatarchiv Bárta.

108 Jean Laffitte, Die Lebenden, Berlin 1950, S. 266.

109 Gliederung des KL Mauthausen, KLM/Gusen und aller Außenlager, 9.5.1945, AMM P 6/4; Perz, Wehrmacht und KZ-Bewachung, S. 69–82.

3.4 Die Häftlinge

Von der Ankunft des ersten Transportes am 18. November 1943 bis zur Befreiung des Lagers stieg die Zahl der Häftlinge ständig an.

In der Regel kamen nur arbeitsfähige Männer im Alter zwischen 20 und 40 Jahren, vor allem mit beruflicher Qualifikation, in das Lager. In der Zusammensetzung der Transporte spiegelten sich die politisch-militärischen Ereignisse ganz Europas wider. Das Ansteigen des Widerstandes in den von Deutschland besetzten Ländern führte zu entsprechenden Verhaftungswellen, und die Menschen, die von diesen oft sehr willkürlich durchgeführten Verhaftungsaktionen betroffen waren, gelangten über einige Zwischenstationen nach Mauthausen, von wo sie nach zwei bis drei Wochen Quarantäne auf die Außenlager aufgeteilt wurden.

Im Frühjahr 1944 trafen Häftlingstransporte mit einem hohen Anteil an Italienern und Franzosen in Ebensee ein. Im Juni 1944 wurden ungarische Juden, die die Selektion in Auschwitz überlebt hatten, nach Mauthausen transportiert; ungefähr 1500 von ihnen kamen im Sommer 1944 nach Ebensee. In den darauffolgenden Monaten folgten nur vereinzelt jüdische Häftlinge mit den Transporten nach Ebensee, erst im Frühjahr 1945 bildeten sie wieder die Mehrheit innerhalb der Transporte. Im Juli 1944 dürften vor allem sowjetische Kriegsgefangene nach Ebensee gekommen sein; im Herbst 1944 trafen vorwiegend polnische Häftlinge aus dem KZ Auschwitz ein.[110]

Ab Anfang 1945 erfolgten die Transporte in das KZ Ebensee jedoch nicht mehr aus ökonomischen Überlegungen. Die SS-Kommandantur in Mauthausen teilte die Häftlinge, die aus den evakuierten Lagern im Osten und ab April 1945 aus den östlich gelegenen Außenlagern von Mauthausen stammten, lediglich auf die verbliebenen Außenlager auf. So kamen am 29. Jänner 1945 aus Mauthausen 1.999 großteils jüdische Häftlinge in Ebensee an.[111] Sie waren am 18. Jänner aus Auschwitz evakuiert, danach in Mauthausen registriert und sofort weiter nach Ebensee transportiert worden. Diese Häftlinge hatten den Transport von elf Tagen von Auschwitz bis zum Eintreffen in Ebensee zum großen Teil in offenen Güterwaggons und ohne Nahrung zugebracht.[112]

110 Siehe dazu: Freund, Arbeitslager Zement, S. 150 ff.

111 Drahomír Bárta notierte am 29.1.1945 in seinem Tagebuch: „In der Nacht gegen ein Uhr Transport aus Mauthausen (Evakuierung von Auschwitz), 2000 Menschen. Größtenteils Juden aus der ganzen Welt, Bolivien, USA, Türkei, Schweden, Slowakei, tschechische Juden, Juden aus Frankreich, Spanien, Griechenland, Ungarn und Polen." Drahomír Bárta, Tagebuch aus dem Konzentrationslager Ebensee, 1943–1945, in: Drahomír Bárta, Tagebuch aus dem KZ Ebensee, S. 86.

112 Freund, Arbeitslager Zement, S. 152.

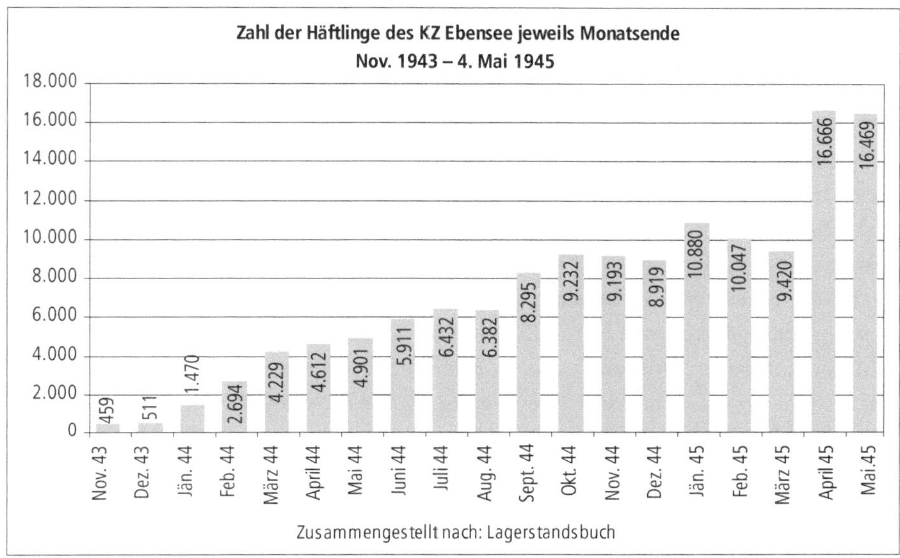

Diagramm 3: Zahl der Häftlinge des KZ Ebensee jeweils Monatsende Nov. 1943–4. Mai 1945 (Zitiert aus: Freund, Die Toten von Ebensee, S. 34)

Der tschechische Häftling Drahomír Bárta[113] notierte in seinem geheim geführten Tagebuch über die Lebensbedingungen im Lager im Frühjahr 1945:

„Mit der Ankunft von 2.000 Häftlingen aus Auschwitz verschlechterte sich die Versorgungslage im Lager erheblich. Das Brot ist ausschließlich aus Kleie, sauer und stinkt verfault. Es sind kleine Kohlestücke und andere Gegenstände im Brot. Wenn man es isst, knirscht es zwischen den Zähnen. Die Suppe ist sehr dünn, drei viertel Liter. Auf dem Revier ein Brot und ein halber Liter Suppe für sechs Personen. Täglich 30–40 Tote.“[114]

Ab Mitte April trafen die Evakuierungstransporte aus den Außenlagern von Mauthausen in Ebensee ein: 1.773 Häftlinge aus dem Außenlager Wels, über 5.800 Häftlinge aus dem KZ Melk, 1.444 Häftlinge aus Amstetten, 407 Häftlinge aus dem KZ Leibnitz, 695 aus dem KZ St. Valentin. Noch am 3. und 4. Mai wurden Häftlinge aus Melk, Redl-Zipf, Sachsenhausen und Neuengamme nach Ebensee gebracht. Waren während des Jahres 1944 im Schnitt 5.000 bis 6.000 Häftlinge im Lager, so stieg – trotz zahlreicher Toter – die Zahl der Häftlinge im April 1945 auf zeitweise über

113 Drahomír Bárta, geb. 28.1.1921 in Pezinok, tschechischer Schutzhäftling, dritter Lagerschreiber, Häftlingsnummer 13692, ab 18.11.1943 im KZ Ebensee, gestorben am 13.9.1998. Eine kurze Biographie findet sich in: Bárta, Tagebuch, S. 169 ff.

114 Bárta, Tagebuch, S. 92.

18.500 Häftlinge an. Beim Appell am Morgen des 3. Mai 1945 wurden 16.449 Häftlinge im Lager gezählt.[115]

Entsprechend den Einweisungspapieren der Gestapo, Kriminalpolizei oder anderer einweisender Institutionen wurde den Häftlingen bei Ankunft im KZ Mauthausen von der SS Kategorie und Nationalität zugeschrieben. Die Häftlinge mussten ihre Häftlingsnummer an der Kleidung befestigen, die an die Stelle ihres Namens trat. Die Zuweisung einer Kategorie und Nationalität hing von der einweisenden Behörde und von der Lager-SS ab. Als „politisch" kategorisierte Häftlinge mussten nicht tatsächlich Widerstandskämpfer gegen den Nationalsozialismus oder Gegner sein, sondern sie konnten durch Zufall in die Maschinerie des Terrors geraten sein. Mit der Kategorie „Homosexuelle" wurden nicht nur durch ein Gericht nach § 175 Verurteilte versehen, sondern auch Personen, die die einweisende Behörde besonders diskriminieren wollte. Entscheidend für die Kategorisierung des einzelnen Häftlings war häufig genug das simple Faktum des Zeitpunktes, die äußeren Umstände seiner Verhaftung und Einlieferung und die Frage, wie ein Häftling in das Grundmuster der von den Polizeidienststellen verfolgte Konzept der „gesellschaftssanitären" und sozialrassistischen Generalprävention passte.[116]

Häftlingskategorien im KZ Ebensee	
§ 175	Nach § 175 verurteilte Homosexuelle
AZR	Arbeitszwang Reich
Bifo	Bibelforscher
BV	Befristeter Vorbeugehäftling (Lagerjargon: Berufsverbrecher)
Geistliche	Priester
Jude	Jude
Kgf.	Kriegsgefangener
Sch.	Schutzhäftling (politischer Häftling)
Spanier	Spanische politische Häftlinge
SU Lev.	Sowjetunion Landeseigene Verbände
SV	Sicherheitsverwahrungshäftlinge
WA	Wehrmachtsangehörige
Zig.	Zigeuner
Ziv.Arb.	Zivilarbeiter (fast ausschließlich aus der Sowjetunion)

Tabelle 4

115 Handschriftliche Aufstellung, Privatarchiv Drahomír Bárta.

116 Zur Konzeption der „rassischen Generalprävention" siehe: Ulrich Herbert, Best. Biographische Studien über Radikalismus, Weltanschauung und Vernunft 1903–1989, Bonn 2001, S. 170 ff.; Patrick Wagner, Hitlers Kriminalisten. Die deutsche Kriminalpolizei und der Nationalsozialismus zwischen 1920 und 1960, München 2002. Wolfgang Ayaß, „Asoziale" – die verachteten Verfolgten, in: Dachauer Hefte 14 (1998), S. 50–66, hier 53.

Auch wenn die Zuteilung der Kategorie von den Opfern zum Teil als willkürlich erlebt wurde, kam in der Kategorisierung der Häftlinge die ideologische Wertung der Nationalsozialisten zum Ausdruck.[117] Die Kategorien bezeichnen nicht „Eigenschaften“ der Häftlinge (wie das oft von den Mithäftlingen erlebt wurde), sondern einzig und allein die zwangszugewiesene Stellung des einzelnen Häftlings innerhalb der nach rassistischen Kriterien hierarchisierten Lagergesellschaft, sichtbar gemacht durch einen farbigen Winkel, der der Häftlingsnummer unterlegt auf der Kleidung getragen werden musste.

Mit der Internationalisierung der Häftlingsgesellschaft wurden die Kategorien durch die Zuteilung der Nationalität weiter differenziert. Diese erfolgte nicht nach der Eigendefinition der Häftlinge, sondern einerseits nach den von den Nationalsozialisten anerkannten Staatsangehörigkeiten, andererseits aus dem „völkischen“ Denken der SS. So waren nicht alle „Russen“ russischer Nationalität, unter ihnen waren auch Ukrainer, Weißrussen, Polen usw. Ein anderes Beispiel sind die Slowenen aus den italienisch besetzten Gebieten Sloweniens. Sie stufte die SS als Italiener ein. Die zugeteilte Nationalität war also ein geographischer Code, der zugleich rassistische Aspekte enthielt und der zur Differenzierung der Häftlingsgesellschaft beitrug. Tatsächlich stammten die Häftlinge des KZ Ebensee aus fast allen Ländern Europas. Deutsche und österreichische Häftlinge stellten eine kleine Minderheit dar, während die größte Gruppe der Häftlinge aus Polen kam.

Der Status der Häftlinge war sehr unterschiedlich.[118] Die von der SS zugeteilte Häftlingskategorie und nationale Herkunft bestimmten und prägten ihre Lebens- und Arbeitsbedingungen. Dies drückte sich vor allem in der unterschiedlichen Sterblichkeit der einzelnen Gruppen aus, wie weiter unten zu zeigen sein wird.

Die Unterschiede zwischen „oben“ und „unten“ waren in der nach den rassistischen Kriterien der SS hierarchisierten Häftlingsgesellschaft ungeheuer groß. Ca. sieben bis acht Prozent der Häftlinge bildeten die „Oberschicht“ und besetzten auch die Lagerinnenkommandos.[119] Sie waren relativ gut gekleidet und ernährt, genossen Privilegien bei der Unterbringung und konnten aufgrund ihrer Funktion in der so genannten „Häftlingsselbstverwaltung“ ihr Überleben eher „sichern“. Am anderen Ende der Häftlingshierarchie befand sich – ständig unmittelbar vom Tod bedroht – die große Mehrheit der Häftlinge, in ihren Handlungen auf die unmittelbare, nackte, von einem zum nächsten Tag reichende „Überlebenssicherung“ eingeschränkt.

117 Vgl. Annette Eberle, Häftlingskategorien und Kennzeichnungen. in: Benz/Distel, Der Ort des Terrors. Bd. 1. Die Organisation des Terrors, München 2005, S. 93.

118 Vgl. Freund, Arbeitslager Zement, S. 145 ff.

119 Siehe auch die Einschätzung bei: Falk Pingel, Häftlinge unter SS-Herrschaft. Widerstand, Selbstbehauptung und Vernichtung im Konzentrationslager, Hamburg 1978, S. 180 f.

„Überlebenssicherung“ bedeutete unter den Bedingungen der Konzentrationslager den Kampf um Nahrung, „bessere“ Arbeitskommandos und um Positionen in der von der SS installierten „Häftlingsselbstverwaltung“. Die Abgabe von Verwaltungs- und Überwachungsaufgaben hatte für die SS mehrere Vorteile. Sie konnte Bewachungspersonal einsparen und verhinderte eine Solidarisierung aller Häftlinge. Sie konnte Häftlinge als ihren verlängerten Arm und ihr Werkzeug instrumentalisieren. Die Häftlingsfunktionäre hatten umfassende Machtbefugnisse gegenüber ihren Mithäftlingen und mussten keine körperlich schwere Arbeit verrichten. Auf der anderen Seite boten die Funktionen in der „Häftlingsselbstverwaltung“ bestimmten Häftlingen die Möglichkeit, nicht nur das eigene Überleben zu „sichern“, sondern auch das Schicksal von Einzelnen und ganzer Häftlingsgruppen zu beeinflussen.

Die SS versuchte die Umgehung ihrer terroristischen Behandlungsprinzipien mit allen Mitteln zu verhindern. Sie setzte in den wichtigsten Funktionen „erprobte“ Häftlinge ein, die mit den ersten Transporten gekommen waren. In dem 1944 noch relativ kleinen Lager bildete sich zwischen der SS und einigen Funktionshäftlingen ein enges, bis zur Kumpanei reichendes Verhältnis. Da die SS für die komplizierten Verwaltungsaufgaben im Lager selbst nicht genügend Personal hatte, benötigte sie gebildete Häftlinge, die vor allem unter den „Politischen“ zu finden waren. Dadurch konnten „politische“ Häftlinge nicht nur ihre eigenen Überlebenschancen verbessern, sondern auch Einfluss auf die SS gewinnen und mit Argumenten, die die Effizienz der Arbeit betrafen, auf die SS im Sinne einer besseren Behandlung der Mithäftlinge einwirken. Der Funktionärsschicht – im Lagerjargon der „Prominenz“ – anzugehören oder unter diesen Freunde zu haben erhöhte die Chance des Überlebens.[120]

„Man hat hier die gesamte Gesellschaft nachgebildet. Die Regeln des Zusammenlebens sind natürlich strenger, dafür auch klarer. [...]

Es gibt Mächtige, das sind jene, die stark sind, weil sie genug zu essen haben und genug zu essen haben, eben weil sie stark sind... Es gibt Kapitalisten, die genügend Zigaretten besitzen, um mit ihnen zu handeln. Und es gibt Arme, Unterdrückte, jene, die schwach sind oder zu viele Skrupel haben. Es gibt Schlaue, Pfiffige, die den Göttern schmeicheln. Es gibt Menschen mit Stolz, Uneigennützige, die lieber vor Hunger sterben als sich zu erniedrigen. Und zu guter Letzt gibt es Vorkämpfer. Das frühere Leben hat uns gelehrt, dass sie ebenso selten wie wenig anerkannt sind. Gelehrt hat es uns auch, dass man viel von gegenseitiger Hilfe, Solidarität und Wohltätigkeit spricht. Davon spricht man... und jeder für sich.“[121]

---

120 Näheres zur „Häftlingsselbstverwaltung“ im KZ Ebensee siehe: Freund, Arbeitslager Zement, S. 147 ff.

121 François Wetterwald, Les morts inutiles, Paris 1946, S. 77. Zitiert nach: Judith Moser-Kroiss/Andreas Schmoller (Hg.), Stimmen aus dem KZ Ebensee, Ebensee 2005, S. 132 f.; Freund, Arbeitslager Zement, S. 145.

Die Häftlingsgesellschaft war jedoch nicht nur eine bloße Nachbildung der gesamten Gesellschaft, wie sie hier der politische französische Häftling François Wetterwald[122] kurz nach der Befreiung beschreibt, sondern das KZ stellte eine „singuläre und noch nicht dagewesene Form unbeschränkter Macht dar, deren raison d'être der Terror und deren Dynamik die Steigerung ihrer selbst war".[123] Die SS hatte durch die Etikettierung von Häftlingskategorie und Nationalität und die Einteilung in die verschiedenen Arbeitskommandos eine eigene Sozialstruktur geschaffen, die die Verteilung der Güter und Privilegien regelte und damit unmittelbar über das materielle Überleben entschied.[124] Die Konzentrationslager wurden durchwegs von durchschnittlichen Individuen bevölkert, meint der Soziologe Gerhard Armanski, „Privilegien, Korruption, Tausch, Macht, Reichtum und Übervorteilung charakterisieren auch die normale Gesellschaft – unter dem Diktat des Mangels und der Gewalt verschärfen und verzerren sie sich im KZ; alles kreiste um Leben und Brot, dafür und für Geld war alles zu kriegen, die ständige Enteignung und Umverteilung säte Zwietracht und Untergang."[125]

Ca. sieben bis acht Prozent der Häftlinge bildeten die „Oberschicht".[126] Diese von der SS mit großen Vollmachten ausgestattete Funktionselite lebte von der Delegation der Macht und hielt den Alltagsbetrieb des Konzentrationslagers aufrecht. Sie waren relativ gut gekleidet und ernährt, genossen Privilegien bei der Unterbringung, mussten keine schwere körperliche Arbeit verrichten und konnten somit Perspektiven über den unmittelbaren Tag hinaus entwickeln. Hier ging es in der Regel sichtbar um das eigene Überleben. Doch darüber hinaus bot die Funktionsübertragung manchen Häftlingen gewisse, wenn auch nur geringe, Handlungsspielräume. Die SS übte daher größten Druck aus, um eine damit möglich gewordene Umgehung ihrer terroristischen Behandlungsprinzipien zu verhindern. Die SS sparte Bewachungspersonal, verhinderte eine Solidarisierung aller Häftlinge, verdichtete die Kontrolle der Häftlinge und „durchlöcherte die Grenzlinie zwischen SS und Häftlingselite".[127]

Den privilegierten Häftlingen stand die Masse der Häftlinge gegenüber, die in ihren Handlungen auf die unmittelbare, nackte Überlebenssicherung beschränkt war. Die Unterschiede zwischen der „Oberschicht" und der Masse der Häftlinge waren ungeheuer groß.[128] Im Kampf jeder gegen jeden um das eigene Überleben lösten sich

122 François Wetterwald, geb. 1911 in Tunis, französischer Schutzhäftling, Häftlingsarzt im KZ Ebensee, gestorben 14.6.1993.

123 Gerhard Armanski, Maschinen des Terrors. Das Lager (KZ und Gulag) in der Moderne. Münster 1993, S. 82; siehe auch: Sofsky, Die Ordnung des Terrors, S. 27 ff.

124 Vgl. Sofsky, Die Ordnung des Terrors, S. 30.

125 Armanski, Maschinen des Terrors, S. 82 f.

126 Siehe auch die Einschätzung bei: Pingel, Häftlinge unter SS-Herrschaft, S. 180 f.

127 Sofsky, Die Ordnung des Terrors, S. 31.

128 Hans Maršálek, der in der Lagerschreibstube von Mauthausen arbeitete, weist darauf hin, dass die Dif-

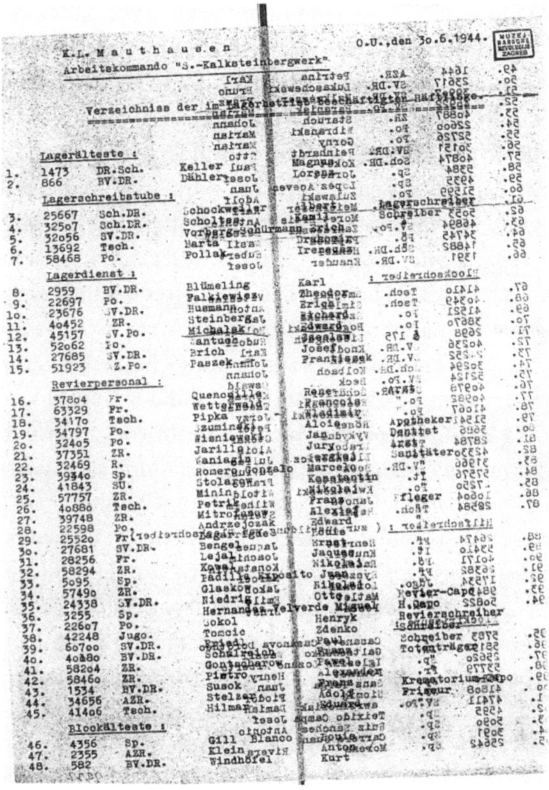

Abb. 19: Erste Seite des Verzeichnisses der im Lagerbetrieb beschäftigten Häftlinge, Hrvatskog Državnog Arhiva u Zagrebu

die Vorstellungen vorkonzentrationärer Moral, Ethik und Konvention auf und wurden durch eine spezifische „Lagermoral" ersetzt. Diese gründete sich auf Seiten der „Lageraristokratie" ganz auf der von der SS delegierten Macht, die keiner weiteren Begründung bedurfte, und auf Seiten der Masse der Häftlinge, auf ihrer absoluten Ohnmacht und Desorientierung. Die Perspektiven der Menschen im Lager waren damit äußerst unterschiedlich. Viele resignierten und erwarteten ihren baldigen Tod.

Mit dem Anspruch, die Situation der eigenen Gruppe zu verbessern, versuchten verschiedene Häftlingsgruppen, Positionen in der Lagerhierarchie mit Angehörigen des eigenen Kollektivs zu besetzen. Damit waren die Funktionshäftlinge in einem

ferenz zwischen den „armen" und „reichen" Häftlingen in den Außenkommandos von Mauthausen erheblich größer gewesen sei als im Hauptlager: „Also die Differenz zwischen den Häftlingen, der Masse der Häftlinge und den Funktionären war tief. Und ich sage sogar, die haben besser gelebt als die SS-ler." Nach Meinung Maršáleks war dies eine Folge der Kleinheit der Lager (auch das KZ Ebensee war im ersten Halbjahr 1944 ein verhältnismäßig kleines Lager) und der besonderen „Verbundenheit" einzelner Häftlingsfunktionäre mit der SS. Interview Maršálek, Kas. 1, Seite A, S. 8.

strukturellen Dilemma gefangen. Manche politische Häftlinge in den Funktionen strebten bewusst eine Einflussnahme auf die Strukturen und die Besetzung von Funktionen im Lager an und konnten dabei die Widersprüche zwischen traditionellen Behandlungsprinzipien der SS und der geforderten ökonomischen Effizienz ausnutzen, jedoch an den mörderischen Strukturen des Lagers konnten sie nichts ändern.

Die Zahl der privilegierten Funktionshäftlinge und der Häftlinge in Lagerinnenkommandos war im Verhältnis zur Gesamtzahl der Häftlinge gering. Anfang März 1944, bei einem Häftlingsstand von 2.650, waren 208 Häftlinge (7,8 Prozent) im Lagerbetrieb tätig:[129] 2 Lagerälteste, 63 Blockpersonal, 4 Schreibstube, 2 Läufer, 12 SS-Reiniger, 2 SS-Friseure, 4 Ärzte, 3 Sanitäter. 116 Häftlinge arbeiteten in privilegierten Lagerinnenkommandos, 94 in der Küche, 6 in der Schusterei, 4 Schneiderei, 6 in der Werkstätte, 5 im Magazin bzw. in der Poststelle, einer hatte die Funktion als Schreiber in der „Kantine". Mit der Zahl der Häftlinge stieg auch die Zahl der im Lagerbetrieb Beschäftigten. Ende Juni 1944 bei einem Stand von 5.911 Häftlingen waren es 485 Häftlinge (8,2 Prozent).[130] Während bis zur Befreiung ca. 33 Prozent aller Häftlinge starben, waren es bei dieser Gruppe „nur" 3,9 Prozent der Häftlinge, also 19 von 485. Das zeigt, welchen lebensrettenden Charakter die Übernahme einer Funktion und die Lagerinnenkommandos hatten. Die Überlebenschancen der Funktionshäftlinge und der Häftlinge in den Lagerinnenkommandos waren also – soweit sie nicht Intrigen unter den Häftlingsfunktionären oder der Lynchjustiz unmittelbar vor der Befreiung zum Opfer fielen – entschieden höher als die der übrigen Häftlinge. Einige der „prominenten" Häftlinge, wie z.B. die deutschen SV-Häftlinge Otto Niedrig[131] und Paul Friedl, die beide im Revier gearbeitet und nach Aussagen zahlreicher Häftlinge viele brutale Verbrechen begangen hatten, wurden im Rahmen der Lynchjustiz am 5. Mai 1945 ermordet. Der Blockälteste Oswald Beck[132], ein polnischer BV-Häftling, dessen Tod für den 8. Mai verzeichnet ist, wurde höchstwahrscheinlich ebenfalls während dieser Lynchaktion getötet.[133]

Über 90 Prozent der Häftlinge mussten in den schweren Arbeitskommandos außerhalb des Lagers Zwangsarbeit leisten, wobei jene, die beim Bau der Stollenanlagen arbeiten mussten, tödliche Arbeitsbedingungen vorfanden. Gilbert Debrise[134],

129 Häftlingseinsatz vom 2.3.1944, Hrvatskog Državnog Arhiva u Zagrebu, Inv. BR. 2307–2336. Freund, Arbeitslager Zement, S. 183.

130 KL Mauthausen, Arbeitskommando „S.-Kalksteinbergwerk", Verzeichnis der im Lagerbetrieb beschäftigten Häftlinge vom 30.6.1944, Hrvatskog Državnog Arhiva u Zagrebu, Inv. BR. 2307–2336.

131 Otto Niedrig, geb. 6.8.1905 in Berlin, deutscher SV, Kapo (Revierältester) im Krankenrevier, Häftlingsnummer 24338, ab 12.1.1944 im KZ Ebensee, gestorben am 5.5.1945.

132 Beck Oswald, BV Pole, Geb. 21.12.1902 in Bielsko, Häftlingsnummer 52124, über Auschwitz, Mauthausen am 19.2.1944 nach Ebensee, als verstorben registriert am 8.5.1945.

133 In der Liste der Lagerinnenkommandos vom 30. Juni 1944 scheint er als Blockschreiber auf.

134 Gilbert Debrise (Pseudonym für Gilbert Dreyfus), geb. 17.8.1902, Arzt aus Raincy, französischer politischer Häftling, verstorben am 27.4.1989.

ein französischer politischer Häftling, unterscheidet in seinem Erinnerungsbericht die Häftlingsfunktionäre (z.B. Lagerälteste, Blockälteste und Schreiber, im Juni 1944 ca. 50 Personen) von den übrigen Lagerinnenkommandos, die er als Mittelschicht kennzeichnet:

„Jeden Morgen, vor oder nach den ersten Sonnenstrahlen, je nach Jahreszeit, musste die gesamte Lagerbevölkerung – ausgenommen vom Revier – am Appellplatz versammelt sein. Sobald der Appell beendet ist, geht jeder zu seiner Arbeit.

Die ‚Mittelklasse' ist größtenteils innerhalb des Lagers beschäftigt. Der Stubendienst geht in seinen Block zurück. Die Köche, Kartoffelschäler (die übrigens nicht schälen, sondern sich damit begnügen, die Kartoffel in Stücke zu schneiden), die Bäcker, Tischler, Schuster, Schneider, Elektriker begeben sich in die entsprechenden Gebäude. Es gibt zwei Küchen, zwei Schustereien und alle Mannschaften gibt es doppelt. Denn die Häftlinge sorgen nicht nur ohne jede Hilfe von außen für das Lager, sondern sie müssen auch für die SS den Fraß bereiten, die Uniformen reparieren, die Stiefel sohlen und putzen. Die SS rekrutiert nach dem Vorbild der Blockältesten wahlweise ihre ‚Stöpsel', ihren ‚Schwung', aus den jungen Strolchen Osteuropas [...] Die ‚Mittelklasse' hat ein annehmbares Schicksal: abgesehen davon, dass ihre Arbeit nicht so sehr nötigt, sind sie bestens platziert, um Margarine, Zucker, Mehl entwenden zu können, d.h. sehr gefragte Lebensmittel, die es ihnen ermöglichen, dass sie über den Austausch immer haben, was sie benötigen. (‚Bring mir Schuhbänder, dann lass ich dir Käse zukommen.' – ‚Wenn du einen Napf voll Marmelade willst, dann streng dich an, mir einen sauberen Feldmantel aufzutreiben.') Wenn man einen guten Freund hat, der in der Küche oder für die SS arbeitet, bedeutet das, dass man nie vor Hunger sterben wird.

In der Mitte zwischen diesen vom Schicksal favorisierten und den richtigen Sträflingen liegen die Häftlinge, die zu kleineren Kommandos gehören. Das sind Kommandos im Freien, aber innerhalb des Lagers oder in dessen unmittelbarer Nähe (Holzschneiden, Waggons beladen).“[135]

Zur Frage, wer die Häftlinge in Häftlingsfunktionen und in den Lagerinnenkommandos waren, gibt eine Aufstellung vom 30. Juni 1944 Auskunft: Etwas mehr als 25 Prozent waren russische Zivilarbeiter und politische Polen, was sehr beachtlich ist. 12 Prozent der Häftlinge in den Lagerinnenkommandos waren Spanier. 13,2 Prozent waren deutsche und polnische AZR-, BV- und SV-Häftlinge. Die politischen Häftlinge der verschiedensten Nationalitäten besetzten 44,3 Prozent der Lagerinnenkommandos, nur 3,1 Prozent von ihnen waren deutsche politische Häftlinge. Keine Funktionen und keinen Platz in den Lagerinnenkommandos hatten zu diesem Zeitpunkt Juden, die erst drei Wochen vor Erstellung dieser Liste Ende Mai bzw. Anfang

135 Gilbert Debrise, Cimetières sans Tombeaux, Paris 1945, S. 127 f.

Juni 1944 in Ebensee eingetroffen waren, und sowjetische Kriegsgefangene. Bis zum Herbst 1944 erreichten auch die ersten Juden Positionen in der „Häftlingsselbstverwaltung“ bzw. in den Lagerinnenkommandos.[136] Darüber hinaus zeigt diese Veränderungsanzeige, dass Anfang September 1944 auch fünf sowjetische Kriegsgefangene in Lagerinnenkommandos arbeiteten. Auf einer Liste vom März 1945 scheinen auch vier polnische Juden als Blockälteste auf, vier ungarische Juden als Blockschreiber und weitere vier polnische Juden als Blockfriseure.[137]

Die Lagerinnenkommandos konnten für alle Häftlinge, gleich welcher Kategorie und Nationalität, eine lebensrettende Funktion haben. Keine Gruppe war völlig von den Lagerinnenkommandos ausgeschlossen, auch wenn die einzelnen Häftlingsgruppen, vergleicht man ihre jeweilige Größe vom 3. Mai 1945, in unterschiedlichem Maße Eingang in die Lagerinnenkommandos fanden. Die Lagerinnenkommandos dürften jedoch aufgrund ihrer geringen Zahl keinen direkten Einfluss auf die allgemeine Sterblichkeit der einzelnen Gruppen gehabt haben. Eine Ausnahme war die Situation der ca. 220 spanischen Häftlinge, von denen ca. ein Viertel in den Lagerinnenkommandos beschäftigt waren.

Wer in die Lagerinnenkommandos aufgenommen wurde, dürfte von einer relativ kleinen Gruppe bestimmt worden sein. Die eigentlichen Machtpositionen im Lager hatten im Juni 1944 lediglich 49 Personen inne: 2 Lagerälteste, 21 Blockälteste, 5 Lagerschreiber und 21 Blockschreiber. Bei der Einrichtung des KZ Ebensee hatte die SS die Struktur der Häftlingselite zuerst durch den Einsatz erprobter „alter“ Häftlinge in wichtigen Funktionen bestimmt. Die Transportliste vom 20. November 1943 listet 16 Häftlinge als „Blockpersonal“ auf, das heißt, sie waren von vornherein von der SS für die verschiedenen Funktionen vorgesehen. Darunter waren z.B. der deutsche BV-Häftling Lorenz Dähler[138] mit der Häftlingsnummer 866, der über die gesamte Bestandsdauer des Lagers Ebensee die Funktion des Zweiten Lagerältesten inne hatte, oder auch der Luxemburger Albert Schockweiler[139] mit der Häftlingsnummer 25667, der als deutscher politischer Häftling geführt wurde und von seiner Ankunft bis zur Befreiung erster Lagerschreiber des KZ Ebensee blieb. Magnus Keller[140], der offiziell als deutscher politischer Häftling geführt wurde und bereits in

136 KL Mauthausen, SS-Arbeitslager Solvay-Kalksteinbergwerke, Veränderungsanzeige für die im Lagerbetrieb beschäftigten Häftlinge vom 8.9.1944, Hrvatskog Državnog Arhiva u Zagrebu, Inv. BR. 2312, K 28.

137 KL Mauthausen, SS-Arbeitslager S. Kalksteinbergwerk, Liste über zu zahlende Prämien für die Zeit vom 26. März–1. April 1945, zu verbuchen gemäß Dienstvorschrift über die Gewährung von Vergünstigungen an Häftlinge vom 15.5.1943, 28.3.1945, Hrvatskog Državnog Arhiva u Zagrebu, Inv. BR. 2330.

138 Lorenz Dähler, geb. 23.10.1898 in Obermühltal, BV DR, zweiter Lagerältester, Häftlingsnummer 866, ab 20.11.1943 im KZ Ebensee.

139 Albert Schockweiler, geb. 6.9.1907 in Luxemburg, (luxemburgischer) deutscher Schutzhäftling, erster Lagerschreiber, Häftlingsnummer 25667, ab 20.11.1943 im KZ Ebensee.

140 Magnus Keller, geb. 13.3.1896 in Kempten, deutscher Schutzhäftling, Häftlingsnummer 1473, ab 20.11.1943 Lagerältester im KZ Ebensee, zuvor 1935–1939 KZ Dachau, 1939 KZ Mauthausen, 1940–1941 Blockältester und ab 1942 Lagerältester im KZ Mauthausen.

Mauthausen und Redl-Zipf Lagerältester gewesen und mit dem ersten Transport nach Ebensee gekommen war, übernahm diese Funktion auch im neuen Lager.

Wie der konkrete Einfluss der SS auf die weitere Bestellung von Funktionshäftlingen erfolgte, der mit dem Ausbau des Lagers notwendig war, kann nur vermutet werden. Sicher war eine der Voraussetzungen, vor allem für die Position der Lagerältesten und Blockältesten, eine gewisse Brutalität und Skrupellosigkeit. Eine weitere Voraussetzung für die Übernahme einer Funktion war die Kenntnis der deutschen Sprache, da alle Befehle auf Deutsch gegeben wurden. Um die Funktion des Schreibers auszuüben, war eine gewisse Bildung notwendig. Hilfreich war auch der Rückhalt einer politischen oder nationalen Gruppe, die der SS jemanden für eine Funktion in der Verwaltung des Lagers vorschlug.[141]

Die beiden Lagerältesten, Magnus Keller und Lorenz Dähler, dürften den größten Einfluss auf die Besetzung der Funktion der Blockältesten gehabt haben. Bei der Besetzung der Funktion als Blockälteste hatten die „Vorbeugungshäftlinge", also AZR-, BV- und SV-Häftlinge mit 47,6 Prozent einen weit überproportionalen Zugang zu Machtpositionen.[142] Die politischen Häftlinge (inklusive der Spanier) waren mit 47,6 Prozent gleich stark vertreten. Ende März 1945 waren 29 Häftlinge in der Funktion eines Blockältesten tätig. Der Anteil der „kriminellen" und politischen Häftlinge sank auf jeweils 41,4 Prozent (je 12 Blockälteste), vier jüdische Häftlinge besetzten Ende März 1945 die Positionen von Blockältesten (13,8 Prozent). Ein einziger sowjetischer Kriegsgefangener nahm nun diese Funktion ein.[143] Es ist anzunehmen, dass die Lagerältesten weniger Interesse an einer ideologischen Besetzung der Funktionen im Sinne der NS-Rassenideologie als vielmehr an einer pragmatischen Herstellung der KZ-Disziplin unter Vermeidung jeglicher Art von Schwierigkeiten hatten, die z.B. aus Sprachproblemen entstehen konnten.

Die Lagerschreiber und Blockschreiber sowie deren Hilfsschreiber hatten vor allem mit dem SS-Rapport- und -Arbeitseinsatzführer zusammenzuarbeiten. Der Lagerschreibstube kam, unterstützt durch die Blockschreiber, die Aufgabe zu, die Häftlinge karteimäßig zu erfassen und die Erstellung der jeweiligen Stärkemeldung unter Berücksichtigung der Zu- und Abgänge, der Verstorbenen und des Standes im Revier zu erledigen. Sie mussten die Appelle vorbereiten, die Arbeitskommandos zusammenstellen und die Abrechnung der „Häftlingsentgelte" durchführen, die die Firmen für die Arbeit der Häftlinge abzuliefern hatten.[144]

Der erste Lagerschreiber, Albert Schockweiler, war von der SS schon vor seiner Ankunft für diese Funktion bestimmt, da er bereits in Wiener Neustadt diese Posi-

141 Zur Besetzung dieser Funktionen siehe: Freund, Die Toten von Ebensee, S. 413 ff.

142 Freund, Die Toten von Ebensee, S. 411 ff.

143 Ebd.

144 Arbeitsanweisung für die Schreibstube, AMM F/2/4.

Abb. 20: Drahomír Bárta, Aufnahme nach der Befreiung in den 1940er-Jahren. Fotograf: Unbekannt, Privatarchiv Bárta, Prag

tion innegehabt hatte. Auch er dürfte ganz pragmatisch diese Positionen mit dem Ziel der Effizienz besetzt haben.[145] Im März 1945 bestand die Schreibstube aus Albert Schockweiler, Erich Vorberg-Schürmann[146], Camille Scholtes[147], Drahomír Bárta, Jreneusz Polak[148], Serge Augier de Moussac[149], Marcel Richard[150], Konrad Wegner[151] und Hrvoje Macanović.[152] Sie war damit international zusammengesetzt und bestand aus zwei Luxemburgern, einem Tschechen, einem Polen, zwei Franzosen, einem Jugoslawen und einem Deutschen. Außer Vorberg-Schürmann waren sie alle politische Häftlinge.

145 Vgl. Freund, Die Toten von Ebensee, S. 413 f.

146 Erich Vorberg-Schürmann, geb. 20.1.1899 in Remscheid, deutscher SV-Häftling, Schreiber in der Lagerschreibstube, Häftlingsnummer 32056, ab 20.11.1943 im KZ Ebensee.

147 Camille Scholtes, geb. 19.2.1916 in Pétange, (luxemburgischer) deutscher Schutzhäftling, zweiter Lagerschreiber, Häftlingsnummer 32597, ab 20.11.1943 im KZ Ebensee.

148 Irineusz bzw. Ireneusz Polak, geb. am 2.1.1925 in Lomza, Häftlingsnummer 58468, Lehrling, nach Mauthausen aus Stutthof am 19.4.1944.

149 Serge Augier de Moussac, geb. 18.1.1921 in Paris, französischer Schutzhäftling, Häftlingsnummer 26200.

150 Marcel Richard, geb. am 27.8.1899 in Mourmelon, Französischer Schutzhäftling, Ingenieur, 18.4.1943 Ankunft im KZ Mauthausen, 30.10.1943 in das KZ Wiener Neustadt, 30.12.1943 KZ Schlier, danach KZ Ebensee.

151 Konrad Wegner, („Kuno") (Schreibweise auch: Conrad), geb. 20.10.1907 in Nürnberg, deutscher Schutzhäftling, Leiter der Poststelle und des Magazins, Häftlingsnummer 814.

152 Hrvoj Macanović, geb. 1.6.1904 in Arbanasi, jugoslawischer Schutzhäftling, Häftlingsnummer 42246, ab 28.1.1944 im KZ Ebensee.

In einem Interview deutete Albert Schockweiler an, dass es seine bewusste Strategie war, alle Nationalitäten einzubeziehen. Er antwortete auf die Frage, ob die Situation des Lagerschreibers günstiger als jene der „normalen" Häftlinge gewesen sei:

„Aber selbstverständlich. Erstens brauchten sie ja nicht Akkord zu schaffen. Der Körper brauchte an und für sich ja nicht diese Nahrung, wie die, die körperlich im Steinbruch unter einem Kommando arbeiteten. Und ich war trotzdem nicht der Laune von einfachen SS-Männern ausgesetzt, vom Bewachungspersonal, mit denen hab ich ja nichts zu tun gehabt. Ich hab nur mit dem Rapportführer, den Blockführern und [...] dem Kommandanten [zu tun gehabt] [...] Die Nationen [versuchten Einfluss zu nehmen], der Kampf geht um die Schreibstube. Der Kampf war auch ganz schrecklich in Ebensee. Die Deutschen wollten die [leere] Schreibstube. Aber ich war so hell, ich hab von jeder Nation einen in der Schreibstube gehabt. Da war ich nicht überlastet mit diesen Anträgen, die ja ständig kommen."[153]

Albert Schockweiler war mit dieser Strategie für sich erfolgreich – er konnte die Position bis zur Befreiung behalten –, auch wenn er für sein Verhalten von vielen Häftlingen kritisiert wurde.

Die Machtverteilung bei den Blockschreibern unterschied sich merklich von jener bei den Blockältesten und verteilte sich auf verschiedene Kategorien und Nationalitäten.[154] Ende Juni 1944 waren nur vier (19,0 Prozent) von insgesamt 21 Blockschreibern als SV- bzw. BV-Häftlinge im Lager, drei davon Deutsche. Die politischen stellten hingegen 16 von 21 (76,2 Prozent), davon waren jedoch nur zwei deutsche Häftlinge. Bemerkenswert ist, dass auch ein als homosexuell inhaftierter Häftling eine solche Position erhielt. Bis Ende März 1945 stieg die Zahl der Blockschreiber auf mindestens 34, nur drei von ihnen waren als deutsche SV-Häftlinge im Lager (8,8 Prozent). Damit war die Zahl der „kriminellen" Blockschreiber absolut und relativ gesunken. Die Blockschreibstuben waren wie im Juni 1944 eine Domäne der politischen Häftlinge (26 von 34), wobei die polnischen Blockschreiber ihre Position ausbauen konnten und kein einziger deutscher politischer Häftling diese Position bekleidete. Dass vier Luxemburger hier überleben konnten, ist sicherlich den beiden Luxemburger Lagerschreibern Albert Schockweiler und Camille Scholtes zu verdanken, die sich um die wenigen Luxemburger im Lager persönlich kümmerten. Außerdem waren auch vier jüdische Häftlinge als Blockschreiber eingesetzt.

153 Interview des Autors mit Schockweiler, Kas. 4, Seite A, S. 5.
154 Siehe dazu: Freund, Die Toten von Ebensee, S. 414.

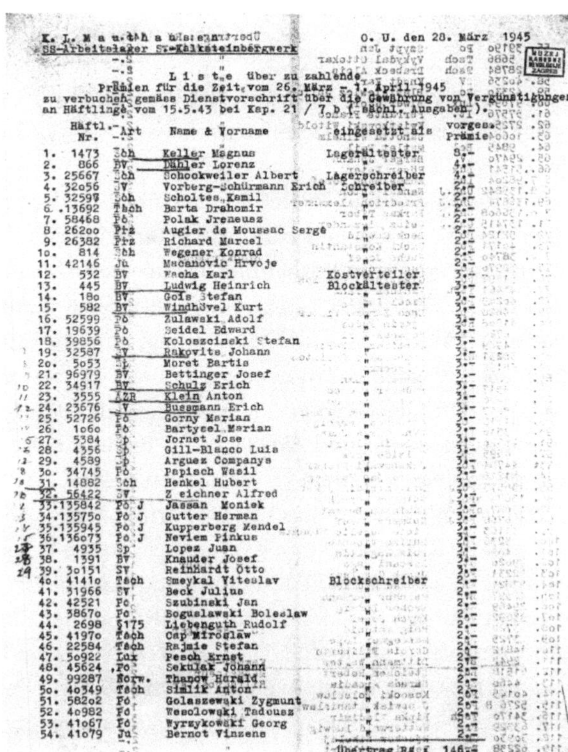

K. L. Mauthausen
SS-Arbeitslager St-Kalksteinbergwerk

O. U. den 28. März 1945

Liste über zu zahlende
Prämien für die Zeit vom 26. März – 1. April 1945
zu verbuchen gemäss Dienstvorschrift über die Gewährung von Vergünstigungen
an Häftlinge vom 15.5.43 bei Kap. 21 / 7 b (sächl. Ausgaben).

	Häftl.-Nr.	Art	Name & Vorname	eingesetzt als	vorges. Prämie
1.	1473	Sch	Keller Magnus	Lagerältester	8.–
2.	866	BV	Dühler Lorenz	"	4.–
3.	25667	Sch	Schockweiler Albert	Lagerschreiber	4.–
4.	32056	SV	Vorberg-Schürmann Erich	Schreiber	2.–
5.	32597	Sch	Scholtes Kamil	"	2.–
6.	13692	Tsch	Barta Drahomir	"	2.–
7.	58468	Po	Polak Jreneusz	"	2.–
8.	26200	Frz	Augier de Moussac Sergé	"	2.–
9.	26382	Frz	Richard Marcel	"	2.–
10.	814	Sch	Wegener Konrad	"	2.–
11.	42146	Ju	Macanovic Hrvoje	"	2.–
12.	532	BV	Wacha Karl	Kostverteiler	3.–
13.	445	BV	Ludwig Heinrich	Blockältester	3.–
14.	180	BV	Gois Stefan	"	3.–
15.	582	BV	Windhövel Kurt	"	3.–
16.	52599	Po	Zulawski Adolf	"	3.–
17.	19639	Po	Seidel Edward	"	3.–
18.	39856	Po	Koloszczinski Stefan	"	3.–
19.	32587	SV	Rakovits Johann	"	3.–
20.	5053	Sp	Moret Bartis	"	3.–
21.	96979	BV	Bettinger Josef	"	3.–
22.	34917	BV	Schulz Erich	"	3.–
23.	3555	AZR	Klein Anton	"	3.–
24.	23676	SV	Bussmann Erich	"	3.–
25.	52726	Po	Gorny Marian	"	3.–
26.	1060	Po	Bartycel Marian	"	3.–
27.	5384	Sp	Jornet Jose	"	3.–
28.	4356	Sp	Gill-Blanco Luis	"	3.–
29.	4589	Sp	Arguez Companys	"	3.–
30.	34745	Po	Papisch Wasil	"	3.–
31.	14882	Sch	Henkel Hubert	"	3.–
32.	56422	SV	Z eichner Alfred	"	3.–
33.	135842	Po J	Jassan Moniek	"	3.–
34.	135750	Po J	Gutter Herman	"	3.–
35.	135945	Po J	Kupperberg Mendel	"	3.–
36.	136073	Po J	Neviem Pinkus	"	3.–
37.	4935	Sp	Lopez Juan	"	3.–
38.	1391	BV	Knauder Josef	"	3.–
39.	30151	SV	Reinhardt Otto	"	3.–
40.	41410	Tsch	Smeykal Viteslav	Blockschreiber	2.–
41.	31966	SV	Beck Julius	"	2.–
42.	42521	Po	Szubinski Jan	"	2.–
43.	38670	Po	Boguslawski Boleslaw	"	2.–
44.	2698	§175	Liebenguth Rudolf	"	2.–
45.	41970	Tsch	Cap Miroslaw	"	2.–
46.	22584	Tsch	Rajmie Stefan	"	2.–
47.	50922	Lux	Pesch Ernst	"	2.–
48.	45624	Po	Sekulak Johann	"	2.–
49.	99287	Norw.	Thanow Harald	"	2.–
50.	40349	Tsch	Simlik Anton	"	2.–
51.	58202	Po	Golaszewski Zygmunt	"	2.–
52.	40982	Po	Wesolowski Tadeusz	"	2.–
53.	41067	Po	Wyrzykowski Georg	"	2.–
54.	41079	Ju	Bernot Vinzens	"	2.–
				Übertrag RM	146.–

Abb. 21: Liste über zu zahlende Prämien vom 28.3.1945, Hrvatskog Državnog Arhiva u Zagrebu

Die Schaltstellen der Macht – Lager-, Block- und Stubenälteste, Lager- und Blockschreibstuben, Krankenwesen, Oberkapos und Kapos – waren heftig umkämpft. Rivalitäten gab es vor allem zwischen den „Roten", das heißt den politischen Häftlingen, die durch einen roten Winkel gekennzeichnet waren, und den „Grünen", den „Kriminellen" mit einem grünen Winkel. Durch die von der SS vorgegebene Struktur war es nur eine winzig kleine Minderheit von wenigen Dutzend Personen, die an diesem Kampf beteiligt waren. Viele tausende Häftlinge, die weder Zugang zu den Lagerinnenkommandos noch zu den Lagerfunktionen hatten, waren davon ausgeschlossen.

Der Lagerschreiber Drahomír Bárta notierte in seinem Tagebuch am 22. Jänner 1945:

„Am Nachmittag war der Lagerführer auf der Schreibstube. Blockschreiber von [Block] 10 wurde abgelöst, da er den Kapos verbot, die Häftlinge bei der Arbeit zu schlagen. Er lächelte zynisch und erteilte uns eine Predigt über einen großen Mann, der mit der Sense kommen und uns alle niedermähen wird. Ta-ta-ta-ta, vor und hinter jedem Block ein Maschinengewehr. Nur die Arbeit kann uns retten. Keiner von uns kommt aus diesem Tor."[155]

Diese kurze Notiz zeigt, wie stark die SS auf die Handlungen der Häftlingsfunktionäre Einfluss nahm. Diese hatten keinen Ausweg aus dem strukturellen Dilemma der delegierten Macht.

Für den individuellen Häftling machte es selbstverständlich einen Unterschied, ob er einem brutalen und sadistischen Blockältesten ausgeliefert war oder nicht. Dafür aber, ob ein Funktionshäftling die delegierte Macht brutal und sadistisch ausübte oder nicht, hatte seine Kategorie und Nationalität, ob politischer oder krimineller, deutscher oder nicht deutscher Häftling, nur eine untergeordnete Bedeutung. Vielmehr ausschlaggebend war der persönliche Charakter, die Einbindung in (meist nationale) Häftlingsgruppen und vor allem die Tatsache, dass die Handlungsspielräume klein waren und die SS keine Beeinträchtigung des „Funktionierens" des Lagers duldete. Zahlreichen Häftlingen jedoch blieb das KZ Ebensee als ein von „Kriminellen" beherrschtes Lager in Erinnerung.

Über die Kapos in Ebensee ist nur sehr wenig bekannt. Auch existieren keine Namenslisten, aus denen die Kategorie und Nationalität der Kapos festgestellt werden könnten. Für das Ziel der SS, die Arbeitskraft der Häftlinge möglichst effizient auszubeuten, waren sie zentral. Die Kapos mussten kein Fachwissen haben, nur schrankenlose Brutalität war notwendig. Da die SS nicht bereit war, die Lebensbedingungen zu verbessern, um damit die Produktivität zu erhöhen, war absoluter Terror das einzige Mittel, die unterernährten und häufig kranken Häftlinge zur Arbeit zu bewegen. Und das Werkzeug der SS dafür waren die Kapos.

Wie wenige Kapos ausreichten, um die große Masse von Häftlingen bei der Arbeit zu überwachen, zeigen die „Häftlingsanforderungen" vom 1. März 1945. Von 7.204 Häftlingen, die für die verschiedensten Arbeitskommandos benötigt wurden, waren 250 Kapos, das sind 3,47 Prozent.[156] Nach den Berichten von Überlebenden stammte der Großteil der Kapos aus Deutschland und Polen, viele von ihnen waren im Lager „kriminell" kategorisiert. Ein polnischer Häftling beschrieb die Kapos grundsätzlich:

„Die Ausführung der von den Meistern[157] beauftragten Arbeiten bewachte der Kapo oder der Hilfskapo. Sie waren es, die den Häftling mit Ochsenziemer, Gummi, Pfahl, Knotenstock oder Eisenstab zur Arbeit ‚ermunterten'. Der Kapo übte seine Hundefunktionen unter Aufsicht eines dem Kommando zugeteilten SS-Mannes aus. Der SS-Mann war seinem militärischen Leiter der Arbeitsgruppe, dem sog. Kom-

155 Bárta, Tagebuch, S. 83.

156 Häftlingsanforderung, 1.3.1945, Privatarchiv Bárta. Vgl. Freund, Arbeitslager Zement, S. 262.

157 Meister waren im Lagerjargon die zivilen inländischen Arbeitskräfte, die die Arbeit der Häftlinge beaufsichtigten.

Häftlingsanforderung

für den 1 März 1945 K. Lager

Firma	Kommando	Ca	Fa	Ha	Gesamt	Summe	Bemerkung
Universale	1. K.L. Aufbau	1	15	9	25	✓	
O.T. W.	2. Freileitung I	1	–	6	7	✓	
		2	15	15	32	32	
	Außenkommando						
Universale	3 [illegible]	1	5	45	57	✓	–20
–"–	4 Betonschotteranl.	1	–	14	15	✓	
O.B.N.	5, 6, [illegible] I, II	1 2	– –	19 38	20 40	✓ ✓ 35 ✓	–5
Rella	7, Barackenaufst.	1	–	9	10	✓	
Hof. u. Karner	8, Hofmann Bar. I	1	–	24	25	✓	
Poistelsky	9, Strassenbau I	1	8	11	20	✓	
Hrury	10, Strassenausbau	1	3	6	10	✓	
"	11, Strassenbau Seilbahn	1	–	39	40	✓	
[illegible]	12, Transportko.	1	–	9	10	✓	
Brandl	13, Barackenbau Br.	1	–	24	25	✓	
–"–	14, Transportkdo.	1	–	14	15	✓	
–"–	15, Seilbahn Br.	3	–	47	50	✓	
Rödinger	16, Rödiger I (Steinb.)	1	–	9	10	✓	
–"–	17, " II	1	–	9	10	✓	
[illegible]	18	1	4	5	10	X	
Roth	19, Gleisbau Roth	1	–	24	25	✓	
O.T. W.	20, Grabenaushub	1	–	24	25	✓	
–"–	21, Zaunbeleuchtg.	1	–	9	10	✓	
–"–	22 Erdarbeiten	1	–	9	10	✓	
[illegible]	23 Felsaushub	3	–	60	63	✓ 55 ✓	
Danisek	24 [illegible]	1	–	19	20	✓	
Hoh. u. Polensky	25 Wasserkdo. [illegible]	1	–	14	15	✓	
Rella Attnang	26 Attnang-Bahn	8	9	133	150	✓	
		36	29	614	679	679	
		Übertrag				711	–40

Abb. 22: Erste Seite der Häftlingsanforderung vom 1.3.1945, (Ca = Capo, Fa = Facharbeiter, HA = Hilfsarbeiter), Privatarchiv Bárta, Prag

mandoführer unterstellt. Der Kommandoführer übte Druck auf die SS-Leute, diese auf die Kapos und die Kapos auf die Häftlinge aus.“[158]

Innerhalb dieses Systems war der Handlungsspielraum für die Kapos gering. In den Arbeitskommandos übten die zuständigen Kapos ihre Macht meist skrupellos aus. Solange sie dies zur Steigerung der Arbeitsleistung der Häftlinge taten, hatten sie keine Einschränkung ihrer Macht und ihrer Privilegien durch die SS zu befürchten. Der Druck der SS auf die Kapos war groß und die Einnahme dieser Position veränderte in kurzer Zeit die Häftlinge. So berichtet z.B. der jugoslawische politische Häftling Toma Petrović[159], wie der Posten eines Kapos einen politischen Häftling korrumpierte:

„Marcel wurde mit Hilfe eines Freundes zum Kapo ernannt und wir erhofften uns dadurch eine Erleichterung im Arbeitseinsatz. [...] Eines Tages aber, als ein Lagerhäftling seine Arbeit nicht richtig machte, hat Marcel ihn geschlagen und auf die

158 Wspomniemniaz niemiechi obozow koncentracyjniych, Ebensee 1946, S. 34.

159 Toma Petrović,, geb. 18.10.1911 in Beograd, jugoslawischer Schutzhäftling, Häftlingsnummer 38575, ab 19.11.1943 im KZ Ebensee.

Vorwürfe seines Freundes Jean mit Ohrfeigen reagiert. Ich war sehr enttäuscht und konnte es nicht fassen, dass ein so gebildeter Mensch so tief sinken kann."[160]

Es kam daher auch vor, dass ein Häftling sich weigerte, eine Kapo-Stelle zu übernehmen, weil er fürchtete, mit der Zeit – wie andere Kapos auch – seine Kameraden schlagen zu müssen.[161] Unter den Häftlingen war es ein strittiger Punkt, ob ein solches Angebot angenommen oder abgelehnt werden sollte. Über 50 Kapos und andere Funktionshäftlinge fielen der Lynchjustiz der Häftlinge am 5. Mai 1945 zum Opfer. Bis dahin dürften die Überlebenschancen der Kapos jedoch ähnlich gut gewesen sein wie die der Lagerinnenkommandos.

Die Gesellschaft der Konzentrationslager war ein System von extremer Ungleichheit. Wenige Häftlinge konnten ein Leben in Luxus führen, wobei Luxus Nahrung, Bekleidung und Unterkunft und die Freistellung von körperlicher Arbeit bedeutete, während die Masse der Häftlinge verhungerte und an der körperlichen Plackerei zugrunde ging. Die Klassifikation der Häftlinge durch Kategorie und Nationalität wirkte als Mechanismus der Differenzierung, wobei ein Wechsel von Kategorie und Nationalität praktisch unmöglich war. Die Klassifikation wirkte in beide Richtungen: Für die Bewacher war es die Verwirklichung der nationalsozialistischen Gesellschaft und die Sichtbarmachung der Stereotype, die von bestimmten Personen und Nationen bestanden. Die Klassifizierung gab die Richtung für den absoluten, unbegrenzten und willkürlichen Terror vor, der die unterschiedlichen Todesraten der einzelnen Häftlingsgruppen bewirkte. Bei den Häftlingen steuerte die Klassifizierung „das soziale Urteil, indem es die Wahrnehmung der Unterschiede verstärkte. Personen derselben Kategorie schienen einander ähnlicher zu sein als Personen verschiedener Kategorien. Die aufdiktierte Klasse akzentuierte und lenkte die soziale Wahrnehmung. Jeder Häftling mit dem schwarzen Winkel galt nun tatsächlich als asozial, arbeitsscheu, feige und verdreckt, jeder Kriminelle als gefährlich, brutal und gewalttätig, jeder Bibelforscher als arbeitsam, ordentlich und unbeugsam in seinen Grundsätzen."[162]

3.5 Lebens- und Arbeitsbedingungen

Die Zuteilung von Nahrung war so knapp bemessen, dass die Häftlinge ständig Hunger litten. Plan der SS war es, die haltbaren Lebensmittel über Mauthausen nach Ebensee zu liefern, alles andere aber lokal zu besorgen.[163] Eine eigens errichtete Bä-

160 Unveröffentlichtes Manuskript von Toma Petrović über das KZ Ebensee, Kopie im Besitz des Autors.
161 Maurice Delfieu, Recists d'un revenant. Mauthausen-Ebensee, Paris 1947, S. 111 ff.
162 Sofsky, Die Ordnung des Terrors, S. 143.
163 Perz, Verwaltete Gewalt, S. 195.

Abb. 23: Häftlingsküche, 22./23. Mai 1945, Fotograf: Bohuslav Bárta, Privatarchiv Bárta, Prag

ckerei nahm erst im September 1944 den Betrieb auf.[164] Allerdings war das Brot, das dort für die Häftlinge gebacken wurde, von äußerst minderer Qualität.

Die Häftlinge erhielten nur einen Teil von dem wenigen, was für sie vorgesehen war. Die wertvollsten Lebensmittel unterschlug die SS. Der den Häftlingen verbleibende Rest wurde über die „Häftlingshierarchie" verteilt, wobei die in den Magazinen und in der Küche Beschäftigten und die Verteiler der Nahrung jeweils ihren Anteil abzweigten. Erst das Übrige gelangte zur Verteilung an die große Mehrheit der einfachen Häftlinge. Wenn es einem Häftling nicht gelang, sich zusätzliche Nahrung zu beschaffen, war er längerfristig unweigerlich dem Tod durch Hunger oder den aus der Unterernährung resultierenden Krankheiten ausgeliefert.

In den Erinnerungen der meisten Inhaftierten steht der Hunger immer im Vordergrund. Noch während des Jahres 1944, als die Versorgungsprobleme noch nicht so groß waren, litten fast alle Häftlinge Hunger:

„Früh 1/4 l ‚Kaffee', eine undefinierbare Tinktur; mittags 3/4 l Wasser mit Resten verfaulter Kartoffel; abends 1/2 l Wasser mit einer Spur von Fett, genannt ‚Gulasch', und 1 Laib Brot von 1 kg für 6 Mann. Es war ein Fest für uns, manchmal eine gute Kartoffel oder ein wenig ‚Hafer' darin zu finden."[165]

164 Perz, Verwaltete Gewalt, S. 266.
165 Eidesstattliche Aussage Jan Szubinski, 17.5.1945, IMT PS 2176. Vgl. Freund, Arbeitslager Zement, S. 203.

Nur selten hatte ein Häftling in einem der kleineren Außenkommandos das Glück, am Weg von oder zur Arbeit von der Bevölkerung etwas geschenkt zu bekommen.[166] Gewöhnlich ging das so vor sich, dass mutige Menschen auf den Wegen, von denen bekannt war, dass Häftlingskommandos sie passieren würden, etwas fallen ließen.[167] Von Zivilarbeitern während der Arbeit etwas Essbares zu erhalten, war ebenfalls ein seltener Glücksfall. Der Schmuggel von Nahrung aus den Außenkommandos in das Lager war allerding mit äußerst großem Risiko verbunden, da bei den einrückenden Arbeitskommandos von der SS regelmäßig Leibesvisitationen durchgeführt wurden und ertappte Häftlinge mit schwersten Misshandlungen rechnen mussten.

Ein nicht zu unterschätzender Faktor, der die Differenzierung der Häftlingsgesellschaft verstärkte und die unterschiedliche Sterblichkeit beeinflusste, war die Möglichkeit für Häftlinge, Lebensmittelpakete zu erhalten. Die Übersendung von Lebensmitteln durch Angehörige war für bestimmte Häftlingsgruppen seit dem 30. Oktober 1942 gestattet, jedoch waren die Möglichkeiten der Angehörigen, Lebensmittel zu senden, stark von der Situation in den Heimatländern abhängig.[168] Zwar durften die Häftlinge eine unbeschränkte Anzahl von Paketen erhalten, der Inhalt aber musste am Tag der Ankunft oder am darauffolgenden Tag verzehrt werden. Die SS, die diese Pakete kontrollierte, entwendete regelmäßig alle wertvollen Lebensmittel. Wenn ein Häftling gegen diese Praxis protestierte, hatte er mit dem Tod zu rechnen.[169] Keine Pakete erhielten Sowjetbürger, Spanier, jüdische Häftlinge, Italiener, alle „Nacht-und-Nebel-Häftlinge“[170] sowie Ungarn.[171] Tschechen, Polen, Jugoslawen, Deutsche und Österreicher, Franzosen und Belgier erhielten Pakete in unterschiedlicher Anzahl, sofern sie keine Juden waren. Mit dem Vormarsch der alliierten Armeen, die die Heimatländer der Häftlinge befreiten, waren viele Häftlinge ab einem gewissen Zeitpunkt von dieser Lebensmittelzufuhr abgeschnitten. So erhielten z.B. die Franzosen nach der alliierten Invasion in der Normandie keine Pakete mehr. Pakete zu erhalten bedeutete eine wesentliche Verbesserung der Ernährungssituation eines Häftlings und erhöhte damit die Überlebenschancen. Darüber hinaus konnte sich ein Häftling durch die Abtretung von Lebensmitteln andere Häftlinge zu Freunden machen und sich oftmals auch in bessere Arbeitskommandos ein-

166 Interview des Autors mit Zuk Kas. 1, Seite B, S. 19. Von vereinzelter Hilfeleistung aus der Bevölkerung berichtet z.B. auch Aldo Becucci, Brief an den Autor. Vgl. Freund, Arbeitslager Zement, S. 203.

167 Interview Frau Zuk, Bd. 2, Seite B, S. 13 f.

168 Maršálek, Geschichte, S. 66, 71.

169 Ebd., S. 66.

170 So wurden jene Häftlinge bezeichnet, die auf Anordnung Hitlers vom 7. Dezember 1941 in den besetzten Gebieten auf bloßen Verdacht hin, dass sie Widerstand leisten könnten, verhaftet wurden. Um ein Klima des Terrors zu verbreiten, durften die Angehörigen deren Aufenthaltsort nicht erfahren.

171 Maršálek, Geschichte, S. 71.

kaufen, indem er dem zuständigen Kapo, Blockältesten oder Blockschreiber einen Teil seines Paketes abgab.[172]

In Ebensee bekam nur ein kleiner Teil der Häftlinge Pakete von Verwandten und Freunden. Josef Fajks sagte vor dem amerikanischen Gericht in Dachau aus, dass sich gerade in den letzten Monaten der Unterschied zwischen jenen, die keine Pakete erhielten, und jenen, die Pakete erhielten oder Funktionen in der Lagerverwaltung innehatten, stark bemerkbar machte. Der in der Lagerschreibstube beschäftigte Drahomír Bárta hatte doppeltes Glück. Nicht nur, dass er eine privilegierte Position im Lager einnahm, er konnte auch laufend Pakete empfangen. Der Kontakt mit tschechischen Zivilarbeitern bot ihm sogar die Möglichkeit, seinen Eltern illegal Briefe zu schreiben. Über Konrad Wegner, der die Poststelle leitete, konnte Bárta die Pakete, bevor sie noch offiziell übergeben wurden, durchsehen. Nachdem ihm in Mauthausen von der SS regelmäßig Lebensmittel und Kleidung gestohlen worden waren, passierte ihm das in Ebensee nicht mehr.

Zu den ungenügenden Wohnverhältnissen und der Unterernährung kam noch die mangelhafte Bekleidung, die im feuchtkalten Klima der Stollen Ursache einer Vielzahl von Krankheiten war.

„Wir hatten schon unter den Unbilden der Natur, unter dem ständig zwischen Regen und Schnee wechselnden Wetter schwer zu leiden. Unsere armselige dünne Kleidung (Zebrakleidung) war für das raue Klima vollkommen ungenügend. Die alten Lumpen wurden überhaupt nicht mehr trocken; unsere Halbschuhe, gefertigt aus alten Feuerwehrschläuchen mit Holzsohlen, waren bei einer Schneehöhe von 40/50 cm eher ein Verkehrshindernis als ein Schutz für die ewig kalten und nassen Füße. Die standen als „Knochenbrecher“ in einem üblen Ruf, weil sie bei Ansatz von Schnee keinerlei Halt boten.“[173]

Da die Zivilkleidung den neu eingelieferten Häftlingen bereits in Mauthausen weggenommen wurde, existierte in Ebensee kein Kleiderlager. Deshalb war es äußerst schwierig, Kleidung und Schuhe zu „organisieren“, d.h. auf illegalem Weg zu besorgen. „Besonders schlecht war es im Lager Ebensee mit Schuhwerk bestellt“, erinnert sich ein überlebender Häftling, „durch die scharfkantigen Kalksteine zerrissen und verschlissen die Holzschuhe in kurzer Zeit. Es war furchtbar, im Winter in der größten Kälte mit in Lumpen gewickelten Füßen oder mit unter die Füße gebundenen Brettchen zur Arbeit gehen zu müssen. Die einzelnen Zehen schauten blutig und blaugefroren aus den vollkommen kaputten und abgetragenen Schuhen heraus.“[174] Ein anderer unbekannter polnischer Häftling bestätigt diese Schilderung:

172 Vgl. Freund, Arbeitslager Zement, S. 214 f.

173 Erinnerungsbericht Emil Eugen M., Z St Ludwigsburg, AZ 419 ARZ 4/64 (Ganz); Freund, Arbeitslager Zement, S. 200 ff.

174 Erinnerungsbericht. Z St Ludwigsburg, AZ 419 ARZ 4/64 (Ganz).

„Wer die Seinen abgetreten hatte und keine Gelegenheit hatte, irgendwelche zu stehlen oder sie für gesparte Suppen oder Brot zu kaufen – musste barfuß laufen, im Kot, Schnee und Frost. Ein solcher Mensch musste sterben."[175]

Zwar versuchte der Lagerschuster „Pérre Henri"[176], ein französischer politischer Häftling, verzweifelt die Situation zu lindern, doch bei einem so katastrophalen Ausmaß des Elends war er machtlos. Wie zahlreiche Häftlinge erinnerte sich auch Drahomír Bárta an diese außergewöhnliche Persönlichkeit:

„Gleich nach meiner Ankunft lernte ich den französischen Kommunisten Henri Koch kennen, der im Zivilberuf Schuhmacher war. In der Weberei, in dem Gebäude, in dem wir provisorisch untergebracht waren, saß er von der Früh bis in den Abend in der hinteren Ecke, die mit einer schwachen Glühbirne beleuchtet war, und reparierte mit einem Helfer die Schuhe der Häftlinge. Das war sein „Kommando", sein Lagerdienst. Koch war damals ungefähr sechzig Jahre alt und kam ursprünglich aus dem Elsass. Er war seit dem Jahr 1924 Mitglied der französischen kommunistischen Partei. Er war ein einfacher, aber unendlich wertvoller, guter Mensch. Er kümmerte sich um andere Häftlinge mit einer solchen Sorgfalt, dass er fast auf sich selbst vergaß und wir, wenn er den anderen seine letzten Schuhe oder das letzte Stück Brot gab, oft Angst hatten, dass er es selbst nicht schaffen würde. Im Lager, vor allem unter den Franzosen, fing man an, ihn seiner Güte wegen „Père Henri" – Vater Henri – zu nennen."[177]

Abb. 24: „Père" Henri Koch, Zeichnung von Nicolai Bajew, Privatarchiv Bárta Prag

175 Wspomniena z niemiecki obozow konzentracyjnych, Ebensee 1946, S. 98.

176 Henri Koch, („Père Henri"), geb. 14.12.1881 in Dambach, französischer Schutzhäftling, Häftlingsnummer 28201, ab 20.11.1943 im KZ Ebensee.

177 Bárta, Zur illegalen Tätigkeit, S. 109 f.

Abb. 25: Einer der Stolleneingänge der Stollenanlage „A“, 22./23. Mai 1945, Fotograf: Bohuslav Bárta, Privatarchiv Bárta, Prag

Der Tagesablauf richtete sich völlig nach den Erfordernissen der Zwangsarbeit. Jeden Morgen mussten alle Häftlinge – mit Ausnahme der Kranken im Krankenrevier – zum Appell antreten. Anschließend erfolgte der Abmarsch der verschiedenen Arbeitskommandos. Wie bereits dargestellt, war die Arbeit in den Lagerinnenkommandos privilegiert. In den kleineren Außenkommandos außerhalb des Lagers war die Situation für die Häftlinge wesentlich schlechter. Sie hatten zur oft sehr schweren Arbeit im Freien auch noch einen Fußmarsch zum Arbeitsplatz und zurück zu bewältigen und konnten sich kaum zusätzliche Nahrung beschaffen. Am schlimmsten war die Arbeit im „Steinbruch“, in den Stollen von Ebensee, wo der größte Teil der Häftlinge beschäftigt war. Drahomír Bárta notierte am 17. August 1944 in seinem Tagebuch:

„In der Früh Entsetzen. Angeblich sind 20 Kameraden im Steinbruch[178] vergiftet worden. Dann klärte es sich auf, der Meister, mit einigen Zivilen, trieb die Häftlinge gleich nach der Explosion in die Stollen, und sie trugen durch den Sprengstoffrauch Vergiftungserscheinungen davon. Jetzt sind schon alle auf dem Revier, anscheinend bleiben alle am Leben. Unentwegt werden Kameraden mit schweren und schwersten Verletzungen hergebracht. Jeden Tag fünf bis zehn. Ein Stein auf den Kopf, die Füße zwischen die Loren oder überfahren. Schläge von den Zivilen. Morgens wütet wieder der Allmächtige.[179] Zuerst auf die Kapos im Steinbruch. (Jeder, der sich auf zwei Meter der Postenkette nähert, wird erschossen, wenn jemand um nur 5 Minu-

178 Umschreibung für die Stollen.
179 Umschreibung für den SS-Lagerführer Anton Ganz.

ten zu spät zum Appell kommt, wird es als Fluchtabsicht aufgefasst – aufhängen, etc.).«[180]

Die Errichtung der Stollen und der dafür notwendigen Infrastrukturbauten in Ebensee wurden von einer großen Anzahl zum Teil noch heute tätiger Firmen durchgeführt.[181] Sie bekamen von der SS gegen Bezahlung eines „Häftlingsentgeltes" Häftlinge zur Verfügung gestellt, die von den zivilen Arbeitern dieser Betriebe (‚Meistern') beaufsichtigt wurden. Die Anzahl der von den Firmen angeforderten Häftlinge war in der Regel höher als die der vorhandenen Arbeitsfähigen, erzählt Magnus Keller, „die Firmen haben sich nicht mit den arbeitsfähigen Häftlingen begnügt, son-

K.L. Mauthausen : Arbeitseinsatz O.U., den 29.3.1945.

Häftlingskommando für "SS-Kalksteinbergwerk"

MUZEJ REVOLUCIJE ZAGREB

		FA.	HA.	
A.	K.Lager :			
	Universale	15	5	1/1 Tag
	Siemens Schuckert	–	7	1/1 Tag
B.	Aussen-Kommandos :			
	Universale	5	41	1/1 Tag
	Siemens Bauunion	–	2o	1/1 Tag
	Rella u. Co.	–	1o	1/1 Tag
	Hofmann u. Maculan	–	1o	1/1 Tag
	Stuag	–	1o	1/1 Tag
	Herbsthofer	–	1o	1/1 Tag
	Brandl	–	55	1/1 Tag
	Rödinger	–	2o	1/1 Tag
	Zivillager	4	6	1/1 Tag
	Roth	–	15	1/1 Tag
	Siemens Schuckert	2	3o	1/1 Tag
	Holzmann u. Polensky (Planierkdo)	–	2o	1/1 Tag
	Holzmann u. Polensky	–	15	1/1 Tag
	Hofmann u. Maculan	–	6o	1/1 Tag
	Beton u. Monierbau	5	1ao	1/1 Tag
	Kröpfel	2	–	1/1 Tag
	Heidecker	–	1o	1/1 Tag
	Rella u. Co.	–	15	1/1 Tag
Ca.	Kalksteinbruch :			
	Hinteregger u. Fischer	–	1o	1/1 Tag
	Holzmann u. Polensky	15	5	1/1 Tag
	Beton u. Monierbau	8	2	1/1 Tag
	Stahlbau	–	2o	1/1 Tag
	Universale	15	–	1/1 Tag
	Dywidag	24	16	1/1 Tag
	Walther	1o	–	1/1 Tag
	Wiener Brückenbau	–	4o	1/1 Tag
	Fröhlich u. Klüpfel	2	2	1/1 Tag
	Grossdeutsche Schachtbau	12	2	1/1 Tag
	Brückner	–	1o	1/1 Tag
	Swietelsky	1o	15	1/1 Tag
	Stuag	–	15	1/1 Tag
	Brandl	–	15	1/1 Tag
	Fohmann	4	56	1/1 Tag
	Rella u. Co.	–	15	1/1 Tag
	SS-Führungsbaustab	5	3o	1/1 Tag
	Siemens Schuckert	13	6	1/1 Tag
	Roth	4	66	1/1 Tag
	Hofmann u. Maculan	–	7o	1/1 Tag
	Bauleitung	–	1	1/1 Tag
Cb.	Kalksteinbruch (Dreisch.)			
	Dywidag	163	31o	1/1 Schicht
	Beton u. Monierbau	–	24o	1/1 Schicht
	Holzmann u. Polensky	12o	118	1/1 Schicht
	Universale	–	78	1/1 Schicht
	Walther	1o2	18	1/1 Schicht
	Fröhlich u. Klüpfel	–	36	1/1 Schicht
	Rella u. Co.	51	114	1/1 Schicht
	Hofmann u. Maculan	–	6o	1/1 Schicht
	Grossdeutsche Schachtbau	–	59	1/1 Schicht
Da.	Anlage B :			
	Siemens Bauunion	37	143	1/1 Tag
	Hofmann u. Maculan	–	31	1/1 Tag
	Hinteregger u. Fischer	5	16	1/1 Tag
	Universale	–	2o	1/1 Tag
	Stuag	–	15	1/1 Tag
	Häuserbau	–	6o	1/1 Tag
	Hofmann u. Maculan	–	19	1/1 Tag
	Hinteregger u. Fischer	–	2o	1/1 Tag
	Siemens Schuckert	6	–	1/1 Tag
	SS-Führungsbaustab	3o	–	1/1 Tag

Abb. 26: Aufstellung der Häftlingskommandos für den 29.3.1945, Hrvatskog Državnog Arhiva u Zagrebu

180 Bárta, Tagebuch, S. 68.

181 Es waren dies: Dywidag, Hinteregger u. Fischer, Stuag, Fohmann, Holzmann u. Polensky, Wiener Brückenbau, Dr. Müller, Heckmann u. Lange, Universale Bau AG., Rella & Co., Hofmann u. Maculan, Walther, Großdeutsche Schachtbau, Fröhlich und Klüpfel, H. Koppers, Siemens Schuckert, Siemens Bauunion, Beton u. Monierbau, Ferrobetonit, Latzel u. Kutscha, Swietelsky, Brandl, Roth, Herbsthofer. Liste (Mai 1945), Hrvatskog Državnog Arhiva u Zagrebu, Inv. BR. 2307–2336, 2634–2640, K 28; Häftlingsanforderung vom 1. März, 2., 3. Mai 1945, Privatarchiv Bárta.

dern verlangt und durchgesetzt, dass auch die wegen Krankheit arbeitsunfähigen zu Arbeit abgestellt wurden".[182]

Die unterernährten Häftlinge konnten nur durch einen ins Äußerste gesteigerten Terror zur Arbeit gezwungen werden. Die „Meister", d.h. die zivilen Arbeiter, bedienten sich dabei der „Kapos", also jener Häftlinge, die von der SS zur Beaufsichtigung der Mithäftlinge in einem Arbeitskommando eingesetzt worden waren. Vom Verhalten der über 1.000 zivilen Arbeiter und der Kapos hing sehr viel ab. Sie hatten, solange es der Steigerung der Arbeitsleistung der Häftlinge diente, absolute Macht.

Durch die Arbeit in drei Acht-Stunden-Schichten bzw. in Tag- und Nachtschichten, die jeweils elf Stunden dauerten, befanden sich die Häftlinge in einem permanenten Erschöpfungszustand. Jede arbeitsfreie Sekunde nutzten die Häftlinge für Ruhepausen. Hatten die Häftlinge einen Arbeitstag überstanden, wurden sie gezählt und mussten zu Fuß in das Lager zurückgehen. Dort hatten sie noch den Abendappell zu absolvieren. Dieser konnte Stunden dauern, vor allem dann, wenn Häftlinge fehlten oder öffentliche Exekutionen stattfanden. Nach dem kärglichen Abendessen war dennoch oft kaum an Nachtruhe zu denken. Die räumliche Enge, nächtliche Willkür von SS oder Blockältesten und Luftalarme taten ein Übriges, um eine Regeneration zu verhindern.

Die mörderischen Lebens- und Arbeitsbedingungen führten dazu, dass Häftlinge spontane Fluchtversuche unternahmen, auch wenn sie wussten, dass eine erfolgreiche Flucht kaum Chancen hatte. Außer in den letzten Tagen vor der Befreiung endeten tatsächlich alle Fluchtversuche tödlich. Allerdings ist es nach den heute vorliegenden Quellen kaum möglich zu unterscheiden, ob tatsächlich eine Flucht vorlag

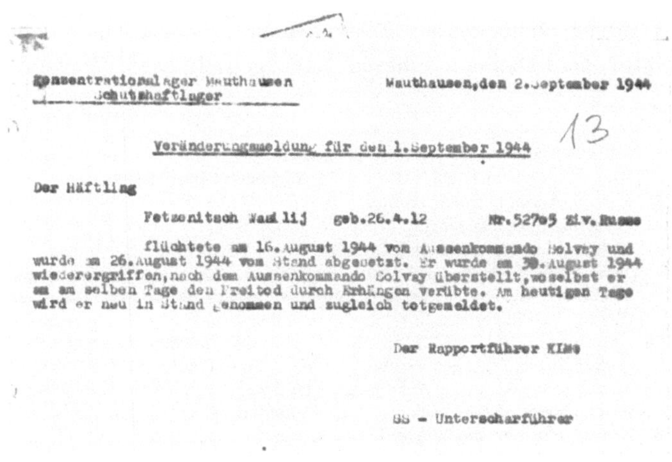

Konzentrationslager Mauthausen — Mauthausen, den 2. September 1944
Schutzhaftlager

13

Veränderungsmeldung für den 1. September 1944

Der Häftling

Fetsonitsch Wasilij geb. 26.4.12 Nr. 52705 Ziv. Russe

flüchtete am 16. August 1944 vom Aussenkommando Solvay und wurde am 26. August 1944 vom Stand abgesetzt. Er wurde am 30. August 1944 wiederergriffen, nach dem Aussenkommando Solvay überstellt, woselbst er am am selben Tage den Freitod durch Erhängen verübte. Am heutigen Tage wird er neu in Stand genommen und zugleich totgemeldet.

Der Rapportführer Kline

SS - Unterscharführer

Abb. 27: Veränderungsmeldung vom 2.9.1944 für den 1.9.1944, AP-MAB Syg. D-Mau 15/4503

182 Zeugenaussage Magnus Keller, 3.7.1959, Landesgericht Wien AZ 20 Vr 3625/75 (Gogl).

oder die SS nur versuchte, einen Mord durch den Eintrag „auf der Flucht erschossen" in den Totenbüchern zu vertuschen.[183]

Andererseits meldete die Ebenseer SS tatsächliche Fluchten oft verspätet nach Mauthausen, um sich, falls sie den Geflüchteten rasch wieder gefangen nahm, Kritik der Kommandantur in Mauthausen zu ersparen. Eine quantitative Erfassung von Fluchtversuchen ist daher kaum möglich.

So z.B. flohen am 16. August 1944 drei sowjetische Häftlinge:

„Iwanov Nikolaj, ZR 52229, geb. 30.7.1912 in Schiltowo, Schuster,
Kuschmir Anton, SU 41192, geb. 15.10.1917 in Lubinowka, Bergmann,
Fetzenitsch Wasilij, 52705, geb. 26.4.1912, Landwirt"[184]

Anton Kuschmir[185] schaffte es, sich drei Tage versteckt zu halten. Am 22. August wurde er entdeckt und aus drei Schritt Entfernung erschossen.[186] Die Flucht von Wasilij Fetzenitsch[187] dauerte länger. Erst am 30. August wurde er gefangengenommen und im KZ Ebensee exekutiert.[188] Am längsten unentdeckt blieb Nikolaj Iwanow. Er wurde am 15. September, einen Monat nach seiner Flucht, aufgegriffen und noch am selben Tag in Ebensee vor den angetretenen Häftlingen hingerichtet.[189] Die offizielle Mitteilung nach Mauthausen lautete lakonisch: „Der obenangeführte Häftling flüchtete 16.8.44 von Solvay.[190] Vom Stand wurde er am 26.8.44 abgesetzt. Er wurde am 15.9.44 wiederergriffen und am gleichen Tag exekutiert."[191]

Nach einem Fluchtversuch wurde der Italiener Danilo Veronesi[192] ermordet. Kurz nach der Befreiung des Lagers berichtete Hrvoje Macanović einer jugoslawischen Untersuchungskommission:

„Unter den Häftlingen befand sich auch ein junger Italiener, der 18-jährige Danilo Veronesi aus Caprino Veronesa, geboren am 7. März 1926, ohne Beruf. Von ihm wußte ich nichts, bis am 12. Mai bekanntgegeben wurde, daß der Häftling Nummer 57467, der Italiener mit diesen Daten, gesucht wird. Niemand wußte, wie er von der

183 Näheres dazu: Freund, Arbeitslager Zement, S. 337 ff.

184 Kopie Lagerstandsbuch, AMM B 5/35; Tagebuch Bárta, 21.8.1944.

185 Richtig: Anton Petrowitsch Kuschnir.

186 Vernehmungsniederschrift, 24.8.1944, AMM E 1c/6e; Kopie Lagerstandsbuch, AMM B 5/35. In der Meldung an den Schutzhaftlagerführer von Mauthausen, Bachmeier, hieß es, dass der sowjetische „Kriegsgefangene Nr. 41192 Anton Kuschnir am 22.8.44 gestellt und bei einem erneuten Fluchtversuch erschossen worden sei". Veränderungsmeldungen, APMAB Syg. D-Mau 15/4503.

187 Richtig: Wasilij Fezenitsch.

188 Lagerstandsbuch, AMM B 5/35. Nach Mauthausen meldete die SS, dass Fetzenitsch „am selben Tag den Freitod durch Erhängen verübte". Veränderungsmeldung für den 1. September 1944, AGKBZHwP KL Mauthausen, Bd. 24/13. Auf der Liste der flüchtigen Häftlinge vom 4. September scheint Wasilij Fetzenitsch als am „30.8.44 exekutiert" auf. Veränderungsmeldung, 4.9.1944, APMAB Syg. D-Mau 15/4481.

189 Kopie Lagerstandsbuch, AMM B 5/35; Veränderungsmeldung 15.9.44, APMAB Syg. D-Mau. 15/4488.

190 Tarnbezeichnung für Ebensee.

191 Veränderungsmeldung 20.9.44, APMO Syg. D-Mau. 2/1106.

192 Danielo (Danilo) Veronesi, geb. 7.3.1926 in Caprino Veronese, italienischer Schutzhäftling, Häftlingsnummer 57467, ab 26.3.1944 im KZ Ebensee, Todesdatum laut Standortarztverzeichnis: 13.5.1944.

Arbeit verschwunden und wohin er gegangen ist. Es wurde jedoch in der ganzen Gegend Alarm gegeben und Patrouillen brachen in alle Richtungen auf, um ihn zu suchen. Am nächsten Tag, dem 13. Mai etwa um 1 Uhr abends, wurde ich auf meinem Lager in der Baracke Nummer 1 geweckt und aufgefordert, mich rasch anzuziehen und beim Lagerkommandanten SS-Obersturmführer Riemer zu melden.

Der junge Danilo Veronesi war gefaßt und in das Lager gebracht worden, und ich sollte als Dolmetscher dienen. Veronesi befand sich in einem jämmerlichen Zustand. Der Kopf war geschwollen von dem Schlag des Försters, einem Österreicher, der ihn irgendwo in den Wäldern, 12 Kilometer vom Lager entfernt, gefaßt und den SS-lern übergeben hatte. Das war ein einfacher, zurückgebliebener Junge von geringer Intelligenz, aber lieb und zutraulich. Arglos und naiv begriff er nicht einmal richtig, in was für einer Situation er sich befand. Riemer war betrunken und rasend darüber, daß ein solcher ‚Idiot', wie er schrie, ohne Schwierigkeiten durch seine Kette von Posten, die die Arbeitsstelle und das Lager einschlossen, entkommen konnte. Der Italiener antwortete bereitwillig auf Fragen. Er floh auf die Weise, daß er sich während der Arbeitszeit zwischen Baumaterial versteckte und das Ende der Arbeitszeit abwartete. [...] In der Nacht zwischen dem 12. und 13. Mai, als er sah, daß niemand mehr in der Nähe ist, ging er in Richtung Italien hinter den Patrouillen, die ihn suchten, her. In seiner Naivität glaubte er, er werde über die Alpen in Holzschuhen, im Häftlingsgewand, ohne einen Buchstaben Deutsch zu können und ohne Nahrungsmittel zu seiner Mutter in Verona gelangen. Er wäre weit gekommen, wenn er nicht fürchterlich Hunger bekommen und am Nachmittag des 15. Mai eine Försterhütte im Wald, die ihm leer erschien, betreten hätte, um etwas zum Essen zu suchen. Dort lauerte ihm aber gerade der österreichische Förster auf und erwartete ihn mit einem Schlag auf den Kopf hinter der Tür der Hütte. Warum er im Lager ist und was er getan hat, daß man ihn einsperrte, wußte er nicht einmal. Er war von italienischen Detektiven auf der Straße in Verona aufgelesen und den Deutschen übergeben worden. [...] [SS-Lagerführer] Riemer war ungeduldig, er konnte den Augenblick, den jungen Italiener zu töten, nicht abwarten. Aber [SS-Blockführer] Biener ließ es nicht zu, daß er aus der Browning, die er aus dem Lederfutteral zog, schoß. Überlassen Sie den Burschen mir, schlug ihm Biener vor. Ich sah es an, daß das etwas besonderes werden würde. Sie machten sich bei alldem nichts daraus, daß ich anwesend war, und Deutsch verstehe. Dem jungen Italiener war überhaupt nicht bewußt, worum es geht. Er fragte mich sogar naiv, ob es in der Baracke Abendessen für ihn geben würde! Riemer stieß inzwischen den Italiener mit einem Fußtritt aus dem Zimmer und trieb ihn in Richtung Lager. Als wir drei, Biener, der Italiener und ich durch das Lagertor gegangen waren, sagte Biener zu mir: Und Du verschwinde jetzt mit Affengeschwindigkeit [blitzschnell]! Er blieb allein mit Danilo Veronesi, [...]. In der Baracke Nr. 1 waren auch noch andere wach, da sie Riemer schreien hörten, und sie warteten auf den Schuß. Jedoch anstelle eines Schusses, der die Qualen des jungen Italieners verkürzt hätte, hatte sich Biener einen Tod anderer Art ausgedacht. Er band den großen Wachhund los, eine deutsche Dogge, ‚Lord' genannt, die in Mauthausen speziell darauf abgerichtet wurde, Menschen zu jagen und zu töten. Lord beherrschte seine Rolle sehr gut. Eine ganze Stunde hetzte er beißend den unglücklichen Danielo Veronesi durch die Lagerstraßen, meistens gerade um die Baracke Nr. 1, in der zu jener Zeit 160 Leute wohnten, und wir waren alle wach und hörten die verzweifelten Rufe des Italieners:

‚Pieta Commandante! Pieta! Aiuto mamma mia!'

Nach den wiederholten Hilferufen des Danilo Veronesi hat es den Anschein, daß bei dieser Folterung, oder wie Biener meint: diesem Spiel, auch der Lagerführer SS-Obersturmführer Riemer zugegen gewesen ist, da ihn der Italiener ständig bat und sich an ihn wandte. Aber Riemer befehligte den Hund Lord und hetzte den Italiener von einer Stelle zur anderen. Auch in den anderen Baracken im Lager hörte man die verzweifelten Hilferufe und das Angstgeschrei des jungen Italieners. Es half ihm nichts. Etwa um Mitternacht hörte er schließlich zu schreien auf. Am Morgen fanden wir seinen vom Hund zerfetzten Leichnam hinter der Baracke der Häftlings-Hauptküche."[193]

Im amtlichen, vom Lagerführer Riemer unterzeichneten Bericht steht unter anderen Toten, die er dem Hauptlager Mauthausen in der Zuschrift vom 15. Mai 1944 meldete:

„11. Sch. Ital. Veronesi Danilo, Nr. 57467, geb. 7.3.1926, aus Caprino-Veronesa, verstorben am 13.5.1944 um 24 Uhr durch Freitod (Elektrizität)."[194]

3.6 Die Kranken und die Toten

Mangelnde Hygiene, mörderische Arbeit, Unterernährung, schlechteste Bekleidung und Unterkunft verursachten zahlreiche Erkrankungen der Häftlinge. Erkrankte ein Häftling, so wurde er kurzerhand zum „faulen Drückeberger" und Arbeitssaboteur erklärt. Kranke galten grundsätzlich als minderwertig. Juden, die ja auch als „rassisch" minderwertig gebrandmarkt waren, durften sich gar nicht erlauben, krank zu werden. Nach dem Grundsatz „Wer nicht arbeitet soll auch nicht essen" wurde die Nahrung für kranke Häftlinge gekürzt. Nach einer SS-Statistik vom 19. Mai 1944 waren von ca. 5.000 Häftlingen über 750 krank. Unter diesen wiederum

193 Zeugenaussage Hrvoje M., 19.9.1945, Staatsanwaltschaft München (Sta München), AZ 112 Js 712/66 (Ganz), Dokumentenband IV/2, in den wesentlichen Punkten idente Aussagen bei Ganz Prozess, Gogl Prozess und USA vs. Geiger et al.

194 Veränderungsmeldungen 15.5.1944, MNRZ

litten 83 Prozent an Hungerödemen und Unterernährung. Die tatsächliche Zahl der Kranken dürfte jedoch weit höher gewesen sein, da in der Regel nur jene Häftlinge den Status als „Kranke“ zugestanden bekamen, bei denen in absehbarer Zeit die Chance auf Wiederherstellung der Arbeitskraft bestand. Der Krankenstatus konnte so auch eine der wenigen Möglichkeiten zur Regeneration bieten.

Die Behandlung der Kranken war absolut unzureichend. Verletzte oder frisch Operierte wurden mit Toilettenpapier verbunden und häufig sich selbst überlassen. Die Häftlingsärzte und -pfleger konnten lediglich versuchen, möglichst vielen Häftlingen Ruhe zu verschaffen, Diagnosen zu erstellen und, falls Medikamente vorhanden waren, diese zu verabreichen. Nur sehr beschränkt war es ihnen möglich, zusätzlich Medikamente und Nahrung zu „organisieren“. Ein Schmuggelweg ergab sich durch spanische Häftlinge, die in einem Medikamentendepot der Wehrmacht in Ebensee arbeiteten und dort manchmal Medikamente stahlen.[195]

Nach den Aussagen vieler Häftlinge verbesserte sich der allgemeine Gesundheitszustand der Gefangenen im Sommer 1944 gegenüber dem Frühjahr wegen der besseren Witterung. Ab dem Winter 1944/45 jedoch herrschten wegen Überfüllung katastrophale Zustände im Krankenrevier. Das Krankenrevier bestand aus einer

Abb. 28: Kranke Häftlinge nach der Befreiung, 22./23. Mai 1945, Fotograf: Bohuslav Bárta, Privatarchiv Bárta, Prag

195 Siehe dazu: Freund, Arbeitslager Zement, S. 309.

Baracke in der Nähe des Krematoriums, in dem sich auch zwei Operationszimmer, eine Ambulanz, eine Apotheke, ein Röntgenraum, ein Zahnbehandlungszimmer und ein Labor befanden und bis zu acht Baracken, in denen die Kranken lagen.

„Die Zahl der Kranken und Regungslosen bewegte sich dauernd um die sechstausend. Die Menschen starben bei der Arbeit, auf den Straßen des Lagers, vor und innerhalb der Baracken. Sie lagen einzeln oder in Haufen, bevor sie abtransportiert wurden, und dies dauerte oft mehrere Stunden. Fürchterlich war auch die Situation auf dem Krankenrevier. Es gab keinen Platz mehr für die Kranken. Die dreistöckigen Stockbetten waren zum Bersten voll. Die Betten waren 80 cm breit, und auf jedem Bett lagen drei bis vier Menschen, mit den Füßen zueinander. Manchmal waren es noch mehr: ‚Auf dem Revier verschlechtert sich die Lage andauernd. Bis zu fünf Kranke liegen auf einem Bett.'

Das genügte aber nicht. Auf dem Boden und den Gängen des Reviers kauerten die Kranken. Oft tage- und nächtelang einander im Schoß sitzend. Es war dort fast nicht mehr möglich durchzukommen. In Extrabaracken außerhalb des Krankenreviers lagen jene, die die letzten Kräfte verließen. Die SS-ler sahen in ihnen nur unnötigen Ballast und wollten sich ihrer möglichst schnell entledigen, also ihren Tod beschleunigen. In diesen Baracken standen die Fenster immer offen, es waren keine Betten, kein Stroh und auch keine Decken vorhanden. Die Menschen lagen nackt, ohne Kleidung, in bizarrer Position reglos auf dem nackten Boden, sterbend. Es war auf den ersten Blick schwierig zu sagen, wer schon tot und wer noch am Leben war."[196]

Die Entscheidung, ob ein Häftling in die Krankenstation, das „Revier", aufgenommen wurde, und die Aufsicht über die Häftlingsärzte und -pfleger lagen bei den SS-Ärzten Dr. Hans Joachim Geiger[197] (bis Mai 1944), Dr. Willi Jobst[198] (von Mai 1944 bis zur Befreiung), dem „Sanitätsdienstgrad" (SDG) Gustav Kreindl[199] und dem Rapportführer im „Revier" SS-Rottenführer Andreas Schilling.[200]

196 Bárta, Zur Geschichte der illegalen Tätigkeit, S. 139. Zitat im Zitat Tagebucheintragung vom 17.4.1945.

197 Dr. Hans Joachim Geiger, geb. am 7.2.1913. SS-Arzt in Neuengamme, Mauthausen, Ebensee und Flossenbürg. Für seine Verbrechen in Ebensee wurde Geiger in Dachau am 20.05.1947 zu 20 Jahren Haft in Landsberg verurteilt und am 23.3.1954 entlassen.

198 Dr. Willi Jobst wurde am 27.10.1912 in Eger geboren, diente 1941 und 1942 in der 1. SS Division „Leibstandarte Adolf Hitler". Im Militärgerichtsprozess in Dachau „US vs. Altfuldisch et al." wurde er zum Tode verurteilt und am 28. 5. 1947 hingerichtet. MacLean, The Camp Men, S. 38. Florian Freund, Der Mauthausen-Prozeß. Zum amerikanischen Militärgerichtsverfahren in Dachau im Frühjahr 1946, in: Wolfgang Benz/Barbara Distel (Hg.). Dachauer Hefte. Studien und Dokumente zur Geschichte der nationalsozialistischen Konzentrationslager, 13. Jg., 1997, H. 13, Gericht und Gerechtigkeit, S. 99–118.

199 Der Österreicher Gustav Kreindl war seit 1940 bei der Waffen SS und vom 1. April 1944 in Ebensee als SDG tätig. Wegen seiner zahlreichen Verbrechen wurde er im amerikanischen Militärgerichtsverfahren in Dachau US vs. Altfuldisch et al. zum Tode verurteilt und am 27. Mai 1947 hingerichtet. Deputy Judge Advocate's Office, 7708 War Crimes Group, Headquarters European Command, United States vs. Hans Altfuldisch et al., Case No. 000.50.5. Reviews and Recommendations of the Deputy Judge Advocate for War Crimes, o. O, 30. April 1947.

200 Andreas Schilling stammte aus Rumänien und war vom 25. November 1943 bis zur Befreiung im KZ Ebensee zuerst als Wachmann und dann als Sanitätsdienstgrad und Rapportführer im Revier tätig. Im

„Zuerst mußte ein Häftling, der zum Arzt vorgelassen werden wollte, eine Reihe von Formalitäten erfüllen, die ebenso lächerlich wie sinnlos waren. Der kranke Häftling mußte nach seiner Rückkehr vom Arbeitskommando für die Arztvisite durch den Schreiber seines Blockes registriert werden. (Diese Schreiber hatten Befehl vom SS-Kommandanten, jede Verlegung von Kranken ins Revier zu verhindern.) Je nach guter oder schlechter Laune des Blockschreibers erhielt der Häftling, oder auch nicht, die Genehmigung, zum Krankenappell anzutreten.“[201]

Das war die erste Hürde, die ein kranker Häftling überwinden musste.

„Jeder Kranke, der sich der Untersuchung unterzieht, ist gezwungen, vor der Tür des Reviers eine oder zwei Stunden bei jedem Wetter und oft barfüßig zu warten. Falls er Bronchitis oder Lungenentzündung hatte, fiel er oft um und starb, bevor er überhaupt dem diensthabenden Arzt vorgeführt werden konnte. Demzufolge wagten die meisten Kranken gar nicht, sich ins Revier zu melden, aus Angst davor, ihren Zustand durch das lange Warten zu verschlechtern. An der Tür zum Revier wie auch im Warteraum befand sich ein Wachposten (deutscher oder polnischer Krimineller), der, mit einem Gummiknüppel oder Stock bewaffnet, an die Sterbenden noch Schläge austeilte.“[202]

Der SS-Rottenführer Schilling versuchte immer zu verhindern, dass Juden in das Krankenrevier aufgenommen wurden. Schilling schlug nicht nur die vor dem Revier wartenden Häftlinge, er ordnete auch an, dass die jüdischen Häftlinge erst dann an die Reihe kamen, wenn alle anderen bereits behandelt waren.

Die Selektion jener Kranken, die in das „Sanitätslager“ in Mauthausen abtransportiert wurden wurden ebenfalls von Geiger, Jobst, Kreindl und Schilling durchgeführt. Meist bedeutete das ein fast sicheres Todesurteil für die Betroffenen. Die Häftlinge sollten im „Arbeitslager Zement“ arbeiten. Sterben sollten sie, so war es im arbeitsteiligen System des KZ Mauthausen vorgesehen, im Sanitätslager Mauthausen. Die relativ niedrigen Todeszahlen im Jahr 1944 zeigen daher nur einen Teil der Lagerrealität.

Von der Einrichtung des KZ Ebensee im November 1943 bis einschließlich den 6. Mai 1945, dem Tag der Befreiung, kamen 8.100 bis 8.200 Häftlinge ums Leben.

Das Massensterben im Februar, März, April und den ersten sechs Maitagen 1945 wird in dieser Grafik deutlich sichtbar: Vom 1. Februar bis zum 6. Mai 1945 kamen

amerikanischen Militärgerichtsverfahren in Dachau US vs. Heinrich Schmitz et al. wurde er zum Tode verurteilt, später jedoch begnadigt. NA RA RG 338 Records of U.S. Army Commands, 1942 -, Records of Headquarters, US Army Europe (USAREUR), War Crimes Branch, War Crimes Case Files („Cases Tried“), 1945–1959, BOX 415, 000-50-5-33 US vs. Heinrich Schmitz et al., Reviews and Recommendations. Nina Höllinger, Andreas Schilling – “never say that Schilling was a little man”. In: betrifft widerstand 107, Dezember 2012, S. 4–11.

201 Eidesstattliche Aussage Henry Poly-Defkis, 17.5.1945, IMT PS 2176. Freund, Arbeitslager Zement, S. 305.

202 Eidesstattliche Aussage Jean Biondi, 17.5.1945, IMT PS 2176. Freund, Arbeitslager Zement, S. 305 f.

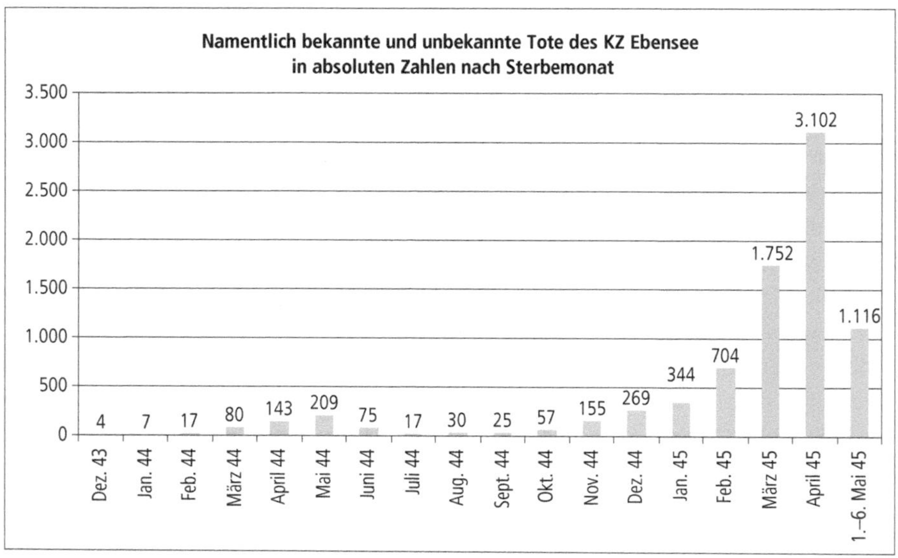

Diagramm 4: Namentlich bekannte und unbekannte Tote des KZ Ebensee in absoluten Zahlen nach Sterbemonat (zitiert aus: Freund, Die Toten von Ebensee, S. 337)

82,3 Prozent aller im KZ Ebensee verstorbenen Häftlinge ums Leben. Alleine auf den Monat April 1945 fielen 38,3 Prozent und auf die ersten sechs Tage des Mai 1945 13,8 Prozent der Todesfälle.

Stellt man die Anzahl der Toten und die der in das KZ Mauthausen Rücktransportierten jedes Monats in Relation zur jeweiligen Lagerbevölkerung[203], so zeigt sich, dass auch 1944 die Lebens- und Arbeitsbedingungen sehr schlecht waren, die letzten Monate bis zur Befreiung jedoch eine Katastrophe.

Ab Jänner 1945 erreichten Evakuierungstransporte aus den im Osten gelegenen Konzentrationslagern das KZ Ebensee. Diese Häftlinge waren bei der Ankunft bereits stark geschwächt und entsprechend stieg die Sterberate auf bis zu über 15 Prozent im April 1945. Fehlende Transportmittel dürften ein Grund dafür gewesen sein, dass die Rücktransporte im Frühjahr 1945 praktisch eingestellt wurden. Ein wesentlicher Faktor für das Ansteigen der Sterberate war aber auch die Tatsache, dass sich die Versorgungslage grundlegend verschlechterte und sich das KZ Ebensee zu einem der berüchtigten Hungerlager entwickelte.

Die Häftlinge wussten genau, was es mit den Rücktransporten auf sich hatte.

203 Um eine Annäherung an die Zahl der Lagerbevölkerung eines jeden Monats zu erreichen, wurde für die Berechnung der Todesrate und der Rate der Rücktransportierten der Lagerstand am Ende jedes Monats und die Zahl der Rücktransportierten und die der Todesfälle addiert und von dieser Summe der Prozentsatz der Toten bzw. Rücktransportierten errechnet.

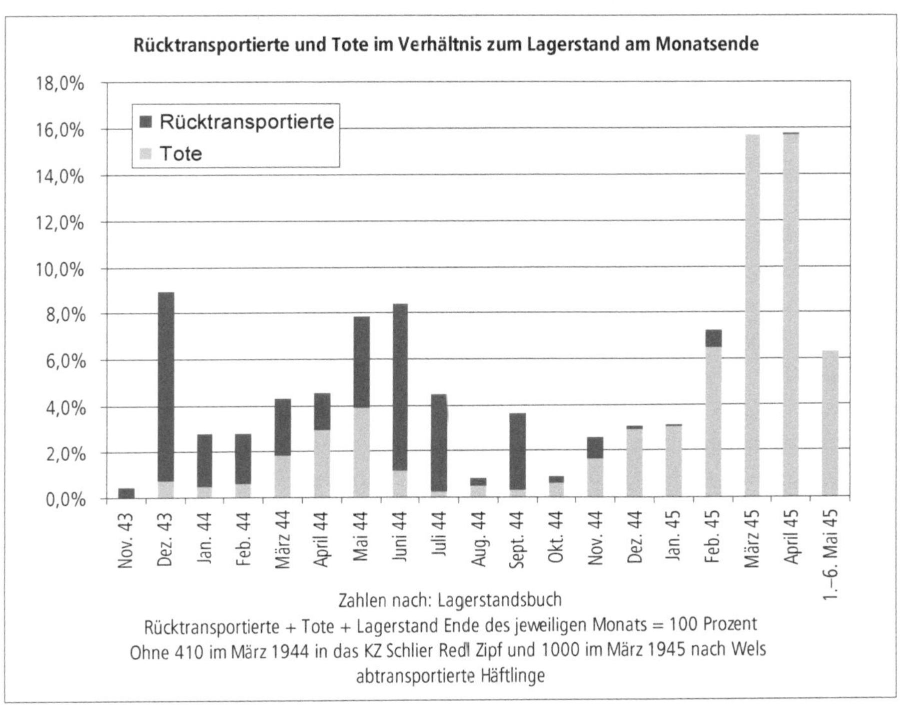

Diagramm 5: Rücktransporte und Tote im Verhältnis zum Lagerstand am Monatsende. (Zitiert aus: Freund, Die Toten von Ebensee, S. 339)

François Wetterwald berichtete bereits 1946 über den Schrecken, den die Selektionen für den Rücktransport verbreiteten:

„Es muss ein ‚Transport' zusammengestellt werden. Es müssen die fünfhundert schwächsten und kränksten Männer des Lagers ausgesucht werden, um sie nach Mauthausen zurückzuschicken. Nummer für Nummer werden sie dann durch kräftigere Häftlinge ersetzt, die morgen ankommen sollen. [...] Jobst, der Chefarzt, führt den Vorsitz bei dem Auswahlzeremoniell. [...] Es ist Sommer, er hat es sich bequem gemacht, trägt eine kurze Hose und ein kurzes Hemd, die seine muskulösen Arme und Schenkel zur Geltung bringen. Mit seinem Quadratschädel und dem breiten Nacken hebt er sich auf befremdliche Weise von den ausgemergelten Menschen ab, die vor ihm Schlange stehen. Diese werden, wenn sie an der Reihe sind, vom Kapo gepackt und hin und her gedreht wie Kälber auf dem Markt. [...] Er beschränkt sich auf zwei Handbewegungen, spricht nur zwei Wörter. Er zeigt mit dem Finger nach rechts und sagt: ‚Bleibt' – dann kommt der Betreffende zu der Menge derer, die noch nicht genug verbraucht sind, um nicht mehr arbeiten zu müssen; oder er befindet: ‚Weg' und deutet nach links, dann verliert sich der Unglückselige, dessen Nummer von den Schreibern sofort notiert wird, in den Reihen derer, die umgehend in einen freien Block gesteckt werden, bevor sie morgen nach Mauthausen, das heißt für 80 Prozent von ihnen, in die Gaskammer, gebracht werden.“[204]

Entgegen der Vermutung von Wetterwald wurden die Häftlinge nicht in der Gaskammer getötet, sondern meist in das Sanitätslager von Mauthausen gebracht und starben dort aufgrund von Vernachlässigung, Misshandlungen oder sie wurden abermals selektiert und in der Tötungsanstalt Hartheim ermordet. Aber es lassen sich auch Fälle von Häftlingen nachweisen, die das Sanitätslager überlebten und wieder nach Ebensee gebracht wurden und später dort starben. [205]

1944 starben im KZ Ebensee 1.084 Häftlinge; 1.675 wurden nach Mauthausen abtransportiert.[206] Wären die Kranken in Ebensee verblieben, so wäre die Todesrate in Ebensee wesentlich höher gewesen. Besonders deutlich zeigt sich dies z.B. beim Absinken der Todeszahlen vom Mai bis September 1944. Tatsächlich forderten die mörderischen Lebens- und Arbeitsbedingungen in Ebensee wesentlich mehr Opfer, als die Zahlen suggerieren.

KONZENTRATIONSLAGER MAUTHAUSEN
Lagerschreibstube

Mauthausen,den 27.Januar 1944

Veränderungsmeldung für den 26.Januar 1944

Vom Aussenkommando Z e m e n t wurden rücküberstellt:

1.	Basic	Mirko	21.2.11	Podnovlje	38394	Polit.Jug.
2.	Bogdanovic	Milan	19.10.93	Podunovlje	38403	"
3.	Dawidenko	Moisel	12.5.84	Oleniowka	36123	Polit.Russe
4.	Dragic	Milivoje	11.8.13	Sige	38437	Polit.Jug.
5.	Gaszynski	Jan	27.4.13	Lodz	41479	Polit.Pole
6.	Golabek	Stanislaw	25.3.03	Godynice	38889	"
7.	Gosniak	Jan	12.12.13	Zyzyn	38898	"
8.	Lazic	Ljubomir	28.5.05	Pednovlje	38499	Polit.Jug.
9.	Lukarevic	Marko	10.11.05	Tizareo	38501	"
10.	Mantschenko	Gregorij	24.8.18	Mikolajewka	41206	Kgf.SU
11.	Perkovic	Pero	21.6.13	Tomarci	38568	Polit.Jug.
12.	Putschko	Krniej	22.7.92	Hlynsk	37474	Polit.Russe
13.	Rosdabara	Iwan	26.1.22	Sasinjiwka	38182	Ziv.Russe
14.	Rudol	August	2.4.06	Oderberg	41369	SV DR
15.	Sabljic	Laso	13.3.20	Sanski Most	38600	Polit.Jug.
16.	Skoric	Dusan	15.5.13	Ivanska	38607	"
17.	Skrzypinski	Waclaw	27.9.95	Bydgoszcz	37967	Polit.Pole
18.	Subasic	Jariz	20.5.22	Duge	31667	Polit.Jug.
19.	Teofilovic	Milos	1910	Dugo Polje	38633	"
20.	Vidakovic	Neda	1920	Krtovo	30763	"

Der Lagerschreiber:

Abb. 29: Veränderungsmeldung vom 27.1.1944 für den 26.1.1944, Rücküberstellung nach Mauthausen, Archives Nationales, Fontainebleu, Kopie AMM Y/45a/161

204 François Wetterwald, Selektion, in: Judith Moser-Krois/Andreas Schmoller (Hg.), Stimmen aus dem KZ Ebensee, Ebensee 2005, S. 116 f.

205 Freund, Die Toten von Ebensee, S. 341.

206 In früheren Publikationen wurde von 1.925 Rücktransportierten im Jahre 1944 ausgegangen. Freund, Arbeitslager Zement, S. 321 ff. Durch neu erschlossene Transportlisten konnte die Zahl von 1.675 (unter Einschluss von Einzeltransporten, ohne die Überstellung von 410 Hilfsarbeitern am 4.3.1944 nach Schlier) eruiert werden.

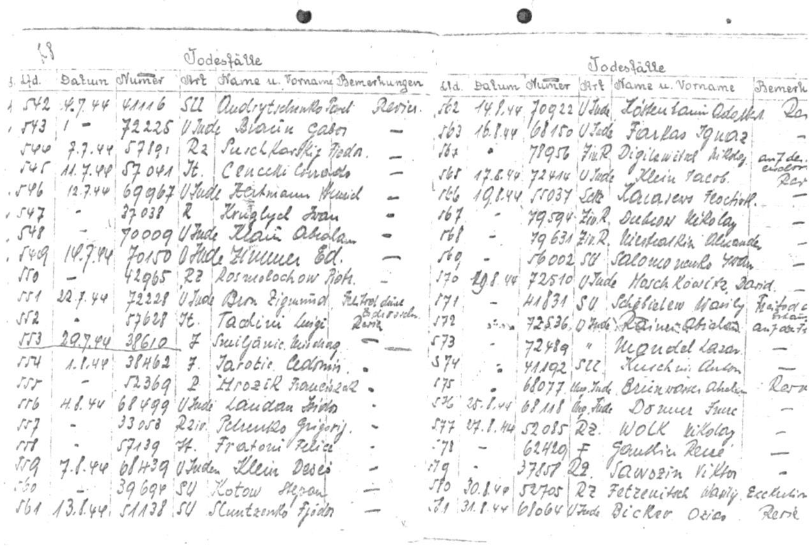

Todesfälle

Lfd.	Datum	Nummer	Art	Name u. Vorname	Bemerkungen	Lfd.	Datum	Nummer	Art	Name u. Vorname	Bemerk.

Abb. 30: Eintragungen vom 4.7.1944 bis 31.8.1944, Arbeitslager „Zement", Lagerstand, Original verschollen, Kopie AMM

Abb. 31: Doppelseite aus dem Totenbuch des Standortarztes Mauthausen mit Eintragungen der in Ebensee („Solvay") zwischen dem 5. und 7.12.1944 verstorbenen Häftlinge, NARA MF T 190/1

Einträge im Lagerstandsbuch wie „Freitod durch Erhängen“ oder „auf der Flucht erschossen“ sagen nichts darüber aus, ob ein Häftling wirklich Selbstmord begangen hatte oder geflüchtet war. Diese Angaben dienten häufig der Vertuschung der eigentlichen Todesursache, wenn diese die willkürliche Ermordung des Häftlings durch die SS war. Tatsächlich lassen sich in den verschiedenen Meldungen, die nach Mauthausen gingen, Widersprüche nachweisen.[207]

Die vom Lagerarzt gemeldeten Todesursachen dürften großteils gefälscht gewesen sein. Jan Bendler[208], der als Häftling im Krankenrevier gearbeitet hatte, schrieb kurz nach der Befreiung in einem Bericht an die amerikanischen Untersuchungsbehörden über die tatsächlichen Todesursachen:

„Die häufigste Todesursache war Erschöpfung. Mancher Patient befand sich in so einem apathischen Zustand, daß er oft darum bat, getötet zu werden. Dann wurde er ins Lazarett geschafft und als ‚Collaps‘ diagnostiziert und in den berüchtigten ‚Schonungs-Block‘[209] getragen. Dort bekam er keine Nahrung oder Pflege und begann dahinzuschwinden und litt an Diarrhöe ohne Pflege. Sie warteten, bis der Patient starb, und schrieben als Diagnose ‚akute‘ Herz- und Körperschwäche.“[210]

Nach der Befreiung starben trotz Ernährung und Pflege noch zahlreiche Häftlinge. Alleine vom 7. Mai bis zum 30. Juni starben mindestens 651 ehemalige Häftlinge an den Folgen der Haft.[211]

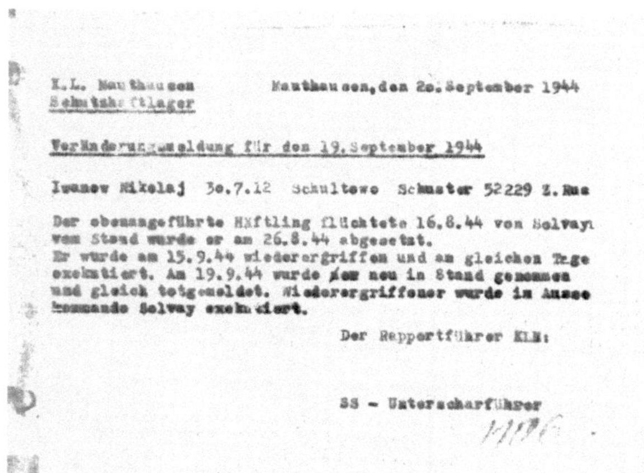

K.L. Mauthausen Mauthausen, den 20. September 1944
Schutzhaftlager

Veränderungsmeldung für den 19. September 1944

Iwanov Nikolaj 30.7.12 Schultewo Schuster 52229 Z. Rus

Der obenangeführte Häftling flüchtete 16.8.44 von Solvay, vom Stand wurde er am 26.8.44 abgesetzt.
Er wurde am 15.9.44 wiederergriffen und am gleichen Tage exekutiert. Am 19.9.44 wurde er neu in Stand genommen und gleich totgemeldet. Wiederergriffener wurde im Aussenkommando Solvay exekutiert.

Der Rapportführer KLM:

SS – Unterscharführer

Abb. 32: Veränderungsmeldung vom 20.9.1944, Kopie AMM B/5/6

207 Vgl. Freund, Arbeitslager Zement, S. 337 ff.

208 Jan Bendler war Medizinstudent, tschechischer Schutzhäftling

209 Die Schonungsblocks, häufig auch als „Invalidenblocks“ bezeichnet, wurden im Winter 1944/45 im Bereich der Baracken des Krankenreviers eingerichtet. In den letzten Wochen vor der Befreiung wurden in diesen Baracken systematisch Kranke und Sterbende ermordet. Siehe dazu: Freund, Arbeitslager Zement, S. 313 ff.

210 Eidesstattliche Aussage Jan Bendler, 17. 5. 1945, IMT PS 2176.

211 Näheres dazu: Freund, Die Toten von Ebensee, S. 401 f.

K. L. M a u t h a u s e n
Arbeitslager S.- Kalksteinbergwerk

O. U. den 3. Juni 1944

Betrifft : Todesfälle von Häftlingen
Bezug : ohne
Anlagen : keine

An das
Schutzhaftlager
K. L. M a u t h a u s e n / Oberdonau

Jm hiesigen Lager starben nachstehende Häftlinge :

1. Sch. Pole N a u m a n n Sylwester, Nr. 38757 geb. 6.12.16 in Szymborze verstorben am 1.6.44 um 6.30 Uhr.
2. Ziv. Russe G r o n i s c h y n Andrej, Nr. 52215 geb. -.-.20 in Kodowice, verstorben am 1.6.44 um 7.45 Uhr.
3. Ziv. Russe S o r o k i n Stepan, Nr. 58550 geb. 25.3.21 in Tschajki, verstorben am 1.6.44 um 13 Uhr.
4. Sch. Russe R o p j a n o l Sergej, Nr. 37152 geb. 25.9.06 in Mogilew, verstorben am 1.6.44 um 14.00 Uhr.
5. Sch. Russe L i s u n o w Jakob, Nr. 40620 geb. -.-.07 in Adamowka, verstorben am 2.6.44 um 4.50 Uhr.
6. Sch. Frz. M o n t a u t Andre, Nr. 39954 geb. 4.6.22 in Pau, Verstorben am 2.6.44 um 5.45 Uhr.
7. Sch. Ital. V a s o l i Giacomo, Nr 42220 geb. 25.7.99 in Rom, verstorben am 2.6.44 um 11.30 Uhr.
8. Ziv. Russe W e r e s c h a k a Jwan, Nr. 57903 geb. 5.9.95 in Sergiejewka, verstorben am 2.6.44 um 14 Uhr.

SS-Hauptsturmführer und Lagerführer

Abb. 33: Meldung des Lagerführers Anton Ganz von Todesfällen, 3.6.1944, Hrvatskog Državnog Arhiva u Zagrebu

Die Sterblichkeit der Häftlinge im KZ Ebensee zwischen November 1943 und 6. Mai 1945 kann aus der Anzahl der Deportierten, den dokumentierten Todesfällen und den bekannten Lagerständen errechnet werden. Insgesamt wurden 27.766 Menschen in das KZ Ebensee deportiert.[212] Bei der Zahl von 7.626 namentlich festgestellten und ca. 480 unbekannten Toten bis zum 6. Mai 1945 kann – je nach Berechnungsmethode – eine Sterblichkeit zwischen 29,2 und 33 Prozent errechnet werden.[213] Um eine Analyse der einzelnen Häftlingskategorien und Nationalitäten zu

212 In dieser Zahl sind auch Doppelüberstellungen enthalten.

213 Näheres dazu bei Freund, Die Toten von Ebensee, S. 71 f., 337 f. Von den 27.766 in das KZ Ebensee deportierten Häftlingen wurden 3.809 wieder in andere Lager gebracht, ca. 1.813 von diesen in das „Sanitätslager" von Mauthausen. Bei der Zahl von 7.626 namentlich festgestellten und ca. 480 unbekannten Toten bis zum 6. Mai 1945 ergibt das eine Sterblichkeit von 29,2 Prozent aller Häftlinge, die je im KZ Ebensee waren. Nimmt man jedoch den letzten bekannten Lagerstand vom 4. Mai 1945 mit 16.469 Häftlingen und addiert dazu die namentlich bekannten und unbekannten Toten so ergibt das 24.575 als 100 Prozent. Geht man dazu von einer geschätzten Zahl der Toten von der Einrichtung bis zur Befreiung mit 8.106 aus, so ergibt das eine Sterblichkeit von 33 Prozent. Die Berechnungsmethode, die Kranebitter

HOSPITAL EBENSEE

DAILY LIST OF DEATHS.

22th May 1945.

	No.	Nationality	Name		Date of Birth
1.	120995.	Cheche	Krauss	Edgard	4. 3.19
2.	56853.	SSR	Redjko	Jefim	26.12.21
3.	38968.	Germans	Kriegesmer		-
4.	93781.	Poles	Lipinski	Jerzy	9. 2.26
5.	93392.	"	Gapski		-
6.	120091.	~~Gxxxkx~~	Unknoun		-
7.	98521.	Grécke	Lewandes	Dimitri	-
8.	121173.	Poles	Palmik	Slama	-

23th May 1945.

	No.	Nationality	Name		Date of Birth
1.	136495.	Hangarians	Bergmann	Bernath	26. 9.17
2.	98070.	French	Purin	Emile	8.12.20
3.	105144.	Poles	Szymczak	Jan	30.5. 23
4.	111956.	-	Unknoun		-
5.	103980.	Poles	Bielicki	Michal	-
6.	58599.	"	Tiborowski	Josef	-
7.	100112.	SSSR	Kovalski	Vladimir	-
8.	67820.	Poles	Tatarew	Ivan	-
9.	117934.	"	Kogut	Franz	-
10.	129084.	-	Unknoun		-

24th May 1945.

	No.	Nationality	Name		Date of Birth
1.	57417.	Italians	Senteni	Sirius	-
2.	57741.	SSSR	Jawowey	Alex	7. 9.02
3.	-	Poles	Wieser	David	-
4.	79616.	SSSR	Konewalen		-
5.	52414.	Poles	Poplawski		-

Secretary. Chief of the Camp.

Abb. 34: Daily List of Death, Hospital Ebensee, 22. 5. 1945, NARA RG 242, Foreign Seized Records, Entry 179, 190/14/27/07, box 273, folder 164a 28/02, Kopie AMM

ermöglichen, wurde die Sterblichkeit aus den Daten vom Appell des 3. Mai 1945, von dem statistische Informationen zu allen Häftlingskategorien und Nationalitäten erhalten sind und den namentlich bekannten Toten errechnet, wobei die Zahlen des Appells vom 3. Mai 1945 plus den Daten der namentlich bekannten Toten für 100 Prozent angenommen wurden, um eine Annäherung an die Gesamtheit der Population im KZ Ebensee zu erhalten. Diese Berechnungsmethode ergibt eine Sterblichkeit von 31,7 Prozent.

verwendete und wesentlich genauer ist, kann aufgrund des fehlenden Forschungsstandes noch nicht angewendet werden. Vgl. Kranebitter, Zahlen als Zeugen, S. 177 ff.

3.7 Die Chance zu überleben

Schon während der Haft im Konzentrationslager überlegten Häftlinge, wovon das individuelle „Durchhalten", d.h. Überleben abhängt. Sie beobachteten z.B. genau, dass ältere Menschen, Kinder, Kranke oder Behinderte nur wenige Chancen hatten. Tatsächlich lassen sich verschiedenste individuelle und strukturelle Faktoren feststellen, die auf die Überlebenschancen Einfluss hatten.[214]

Einer der wichtigsten individuellen Faktoren war eine gute physische Konstitution und eine geringe Anfälligkeit für Krankheiten, da selbst harmlose Krankheiten unter den Bedingungen des Konzentrationslagers lebensbedrohend waren. Psychische Stabilität war eine weitere Voraussetzung, um die Chance zu überleben zu erhöhen. Von zahlreichen Überlebenden wird beschrieben, dass Häftlinge den Schock, den die Ankunft in einem Konzentrationslager verursachte, nur kurz überlebten.[215] Überlebten die Häftlinge die erste Zeit im Lager, war besonders wichtig, dass sie trotz der hoffnungslosen Situation nie die Hoffnung aufgaben, dass gerade sie überleben würden. Fiel ein Häftling in die Depression, so folgte der körperliche Verfall sehr schnell.

Die individuelle Anpassungsfähigkeit an die verschiedenen, oft widersprüchlichen und fast immer lebensbedrohlichen Situationen im Lager, das Erkennen der geschriebenen und ungeschriebenen Regeln des Lagerlebens, das rasche Ausloten der Handlungsspielräume, um z.B. zusätzliche Nahrung zu „organisieren", waren individuell sehr unterschiedlich. Die individuelle Anpassungsfähigkeit war vor allem davon abhängig, wie sehr die Betroffenen unter Schock standen und ob ihnen andere Häftlinge halfen, sich zurechtzufinden.

Die sprachliche Begabung war in doppelter Hinsicht wichtig. Die SS gab ihre Befehle ausschließlich in deutscher Sprache und es war absolut lebensgefährlich, einen Befehl nicht sofort und genau zu befolgen. Nicht ohne Grund wurde der Prügel, den SS-Männer oder Kapos mit sich führten, „Dolmetscher" genannt. Sprachliche Fähigkeiten waren aber auch ein Kriterium für die Übernahme von Funktionen in der „Häftlingsselbstverwaltung", was die individuellen Überlebenschancen ganz entscheidend beeinflussen konnte.[216]

Die Fähigkeit, Kontakte zu einflussreicheren Häftlingen zu knüpfen, bestimmte die Möglichkeit, in ein „besseres" Arbeitskommando zu kommen, das mehr Überlebenschancen bot, oder sich Nahrung, Kleidung oder sonstige lebensnotwendige Produkte zu beschaffen. Politische Häftlinge, die sich aus der Zeit vor ihrer Konzentrationslagerhaft kannten und die außerdem eine gemeinsame Ideologie verband,

214 Ausführlich dazu: Freund, Die Toten von Ebensee, S. 343 ff.

215 Vgl. Pingel, Häftlinge unter SS-Herrschaft, S. 153 ff.

216 Vgl. Freund, Arbeitslager Zement, S. 147 ff.

waren dabei im Vorteil.[217] Die Einbindung in solidarischen Gruppen innerhalb des eigenen politischen oder nationalen Häftlingskollektivs konnte ebenfalls einen großen Einfluss auf das Überleben Einzelner haben.

Nur dort, wo eine bestimmte berufliche Qualifikation gefragt war, konnte diese auch zu höheren Überlebenschancen führen. Wurden beruflich besser ausgebildete Häftlinge in einem Lager benötigt, achteten SS wie auch die privaten Firmen darauf, dass diese Häftlingsfacharbeiter besser behandelt wurden, da sie schwieriger durch neue Häftlinge ersetzbar waren. Gerade in der letzten Periode des KZ-Systems gewann die Qualifikation der Häftlinge eine immer größere Bedeutung, die sogar Nachteile der Kategorie oder Nationalität tendenziell abschwächen konnte.[218]

Die individuellen Faktoren, die auf die Überlebenschancen Einfluss hatten, wurden zwar von den Häftlingen viel diskutiert. Sie waren absolut jedoch nachrangig gegenüber den strukturellen Ursachen des Massensterbens.

Die Strapazen des Lagerlebens und der Zwangsarbeit konnten jüngere Häftlinge eher überstehen als ältere.[219] Dies geht eindeutig aus den vorhandenen Daten hervor und entspricht auch den Beobachtungen der Häftlinge. Vergleicht man die letzte erhaltene offizielle Untersuchung der SS zum Alter aller (lebenden) Häftlinge am 31. März 1945 im Bereich des gesamten Lagersystems Mauthausen[220] mit dem Alter der in Ebensee verstorbenen Häftlinge, dass im Gesamtsystem Mauthausen 84,3 Prozent unter 40 Jahre alt waren, hingegen fanden sich unter den namentlich bekannten Toten in Ebensee 70,4 Prozent aus dieser Altersgruppe. Umgekehrt ist es bei den über 40-Jährigen: Unter den Lebenden im Gesamtsystem Mauthausen waren 16,4 Prozent in diesem Alter, unter den Toten in Ebensee hingegen 29,4 Prozent.[221]

Die Überlebenschancen waren auch davon abhängig, ob Häftlinge vor ihrer Ankunft in Ebensee bereits längere Zeit in Gestapohaft, im KZ Mauthausen oder anderen Konzentrationslagern und Ghettos inhaftiert und daher körperlich geschwächt waren. So kamen 1943/44 die nichtjüdischen Häftlinge meist nach einem kurzen Aufenthalt in der Quarantäne in Mauthausen nach Ebensee, während z.B. viele der jüdischen Häftlinge, die im Herbst und Winter 1944/45 Ebensee erreichten, zuvor schon Monate in Auschwitz-Birkenau oder einem der Außenlager von Auschwitz gewesen waren und einen langen Transport von Auschwitz nach Mauthausen hinter sich hatten.

217 Siehe dazu: Pingel, Häftlinge unter SS-Herrschaft, S. 51 ff.

218 Vgl. Ebd., S. 168; Florian Freund, Häftlingskategorien und Sterblichkeit in einem Außenlager des KZ Mauthausen, in: Die nationalsozialistischen Konzentrationslager – Entwicklung und Struktur, Göttingen 1998, S. 874–886.

219 Siehe dazu: Freund, Die Toten von Ebensee, S. 345 ff.

220 Monatliche Meldung über das Alter und die Arten der Lebenden, Kopie AMM E 6/5. Maršálek, Geschichte, S. 130.

221 Freund, Die Toten von Ebensee, S. 346 f.

Großen Einfluss auf die physische Konstitution hatte auch die Art des Transportes nach Mauthausen und in der Folge nach Ebensee. Während 1944 die Transporte noch mit Eisenbahn oder LKW durchgeführt wurden, kamen vor allem im Frühjahr 1945 Häftlinge nach „Todesmärschen" oder tagelangen Transporten in offenen Viehwaggons und ohne Verpflegung aus den im Osten gelegenen Konzentrationslagern. Bereits während dieser Transporte starben zahlreiche Häftlinge (die in den Statistiken der SS in der Regel nicht aufscheinen), die Übrigen waren völlig geschwächt.

Einer der schlimmsten Evakuierungstransporte erreichte am 3. März 1945 Ebensee: 2.059 jüdische Häftlinge kamen aus dem KZ Wolfsberg, einem Nebenlager von Groß-Rosen an.[222] Die Häftlinge hatten die Evakuierung von Auschwitz überlebt und waren über das KZ Groß-Rosen in das Außenlager Wolfsberg gebracht worden. Dort hatten sie in unbeheizten Zelten und Erdlöchern leben und in Stollen arbeiten müssen.[223] Als das KZ Wolfsberg (Włodarz) evakuiert wurde, mussten die Häftlinge zu Fuß zwei Tage marschieren, bis sie in offenen Waggons zwei Tage und Nächte nach Mauthausen und von dort direkt nach Ebensee gebracht wurden.[224] Dort mussten sie erschöpft und ausgehungert im Freien auf die Entlausung warten. Wer die Prozedur der Desinfektion und Entlausung hinter sich hatte, kam zunächst in die Quarantäneblocks. „Hier selektierte der SS-Arzt Dr. Jobst die seiner Meinung nach nicht wiederherstellbaren Kranken", die, wie das Gericht im Prozess gegen Anton Ganz feststellte, „auf die sog. Schonungsblocks kamen, wo man sie in den folgenden Tagen elend zu Grunde gehen ließ".[225] In seinem Tagebuch notierte Drahomír Bárta in Stichworten die Folgen dieser unmenschlichen Behandlung:

„Morgens gegen 9 Uhr Transport aus Wolfsberg. 115 Tote wurden am Bahnhof in Mauthausen ausgeladen.

49 starben auf dem Weg von Mauthausen zu uns.

182 starben in der Nacht vom 3. auf den 4. März, als sie beim Krematorium stehen mussten.

Am 4. März in der Früh gingen 2059 Menschen durch die Desinfektion. Bis zum 13. März starben von ihnen weitere 191 Menschen. Sie wurden auf Block 26 und 27 untergebracht, ohne Fenster, Betten und Decken."[226]

Jahrzehnte später kommentierte Bárta seine Tagebucheintragung:

„Die Häftlinge des Transports aus Wolfsberg, die vor Erschöpfung nicht mehr gehen und den Weg vom Bahnhof zum Lager nicht mehr bewältigen konnten, wurden auf die Pritschenwagen zu den Toten aufgeladen. Körper neben Körper, sodass oft

222 Vgl. Freund, Arbeitslager Zement, S. 152 ff.
223 Dorota Sula, Wolfsberg (Włodarz), in: Benz/Distel (Hg.), Der Ort des Terrors. Bd. 6. S. 457 f.
224 Zeugenaussage Ludwig F., 20.12.1967, Z St Ludwigsburg AZ 419 ARZ 4/64 (Ganz). Vgl. Freund, Arbeitslager Zement, S. 152 ff.
225 Urteil, S. 15, Z St Ludwigsburg AZ 419 ARZ 4/64 (Ganz).
226 Bárta, Tagebuch, S. 93.

Lebende unter Toten begraben waren. Vor dem Revier wurden sie dann wie Kartoffelsäcke auf den Boden geworfen. Ich höre bis heute die dumpfen Geräusche der auf den Boden aufschlagenden Köpfe. Alle Toten wurden dann nebeneinander auf dem Boden vor dem Krematorium aufgereiht. Es waren lange Reihen und sie lagen dort fast zwei Tage. Ihre Identität wurde festgestellt, und dann verbrannte man sie. Das Schicksal der Transporte, die in der ersten Hälfte des Jahres 1945 kamen, hauptsächlich von März an, war ähnlich."[227]

In dieser Periode hatte die SS das Interesse an der Arbeitskraft der Häftlinge verloren, da massenhaft Häftlinge aus den im Osten gelegenen Konzentrationslagern vor der herannahenden Roten Armee evakuiert wurden. Der Zeitpunkt der Ankunft der Häftlinge entschied über die Zuteilung in ein Außenlager oder ein Arbeitskommando, in denen die Lebens- und Arbeitsbedingungen jeweils äußerst unterschiedlich waren.

Die zugeteilte Nationalität und Kategorie bestimmten in großem Ausmaß die Überlebenschancen der Häftlinge. Durch die äußere Kennzeichnung der Häftlinge konnte die SS mit einem Blick erkennen, welcher Kategorie und Nationalität ein Häftling angehörte und ihn dementsprechend behandeln.[228] Deutsche „politische" und „kriminelle" Opfer des Nationalsozialismus wurden von der SS prinzipiell besser behandelt als Angehörige west- und südeuropäischer Nationen. In Abstufungen schlechter behandelt wurden Bürger der Sowjetunion sowie Polen, auf der untersten Stufe der Hierarchie standen Juden jeder Nationalität.[229] Diese Differenzierung wirkte sich auch in der unterschiedlichen Sterblichkeit der Häftlinge aus.

Die deutlich unterschiedliche Sterblichkeit der einzelnen Kategorien lässt sich nicht alleine durch verschiedene individuelle Dispositionen, sondern vor allem strukturell durch die aufgezwungene Häftlingshierarchie erklären. Juden aller Nationalitäten hatten mit über 39,2 Prozent bei weitem die höchste Sterblichkeit, eine Folge ihrer Position am untersten Ende der rassistischen Hierarchie. Als „AZR" kategorisierte Häftlinge wiesen mit 13,2 Prozent eine geringe Sterblichkeit auf. Die Ursache dafür war, dass sich in der Kategorie der „AZR" – wie auch der „SV" und „BV" – besonders viele deutsche und österreichische Häftlinge befanden, die die systematischen Vernichtungsaktionen 1940/41 überlebt hatten. Bei den politischen Häftlingen muss die extrem unterschiedliche Sterblichkeit der einzelnen Nationalitäten berücksichtigt werden. Obwohl als Juden kategorisierte Häftlinge in der zweiten Jahreshälfte 1944 nur ca. 15 Prozent der Lagerbevölkerung ausmachten, waren

227 Ebd.
228 Vgl. Maršálek, Geschichte, S. 45 f.
229 Orth, System, S. 106.

Häftlingskategorien und Sterblichkeit im KZ Ebensee					
	Beim letzten Appell am 3.5.1945 in Ebensee gezählte Häftlinge		Namentlich bekannte Tote	in Prozent aller namentlich bekannten Toten	Sterblichkeit (Appell 3.5.1945 + namentlich bekannte Tote = 100%)
Sch.	6.471	39,34%	3.180	41,70%	32,95%
Jude	4.968	30,20%	3.200	41,96%	39,18%
Ziv.Arb.	3.024	18,38%	776	10,18%	20,42%
Kgf. u. SU Lev	911	5,54%	322	4,19%	25,93%
SV	433	2,63%	71	0,93%	14,09%
BV	259	1,57%	47	0,62%	15,36%
Spanier	220	1,34%	2	0,03%	0,90%
AZR	99	0,60%	15	0,20%	13,16%
Zig.	20	0,12%	1	0,01%	4,76%
Bifo	16	0,10%	2	0,03%	11,11%
WA	15	0,09%	9	0,12%	37,50%
§ 175	10	0,06%		0,00%	0,00%
Geistliche	3	0,02%		0,00%	0,00%
Unbekannt			1	0,01%	
	16.449	100,00%	7.526	100,00%	31,7%

Tabelle 5: Häftlingskategorien und Sterblichkeit im KZ Ebensee (zitiert aus: Freund, Die Toten von Ebensee, S. 351)

37 Prozent der Toten zwischen September und Dezember 1944 Juden. Dies in einer Periode, in der das KZ Ebensee „normal" funktionierte und noch keine Evakuierungstransporte das Lager erreicht hatten. Im gleichen Zeitraum waren 48 Prozent der Toten „Schutzhäftlinge", also politische Häftlinge der verschiedensten Nationalitäten, obwohl ihr Anteil an der Lagerbevölkerung wesentlich höher war.[230] Die Lebensbedingungen von Juden, die bereits 1944 wesentlich schlechter waren als die anderer Häftlinge, verschärften sich 1945 noch weiter. Infolge der Evakuierungstransporte aus Konzentrationslagern im Osten stieg die Zahl der Juden im Lager auf knapp über 30 Prozent. Vom 1. Jänner bis zum 1. Mai 1945 waren über 45 Prozent der Verstorbenen Juden. Der Vergleich der Sterblichkeit der jüdischen Häftlinge mit jener der politischen zeigt, wie sehr die Sterblichkeit von der zugeteilten Kategorie abhängig war.[231]

230 Leider existieren für diese Perioden nur Schätzungen der Größe der Häftlingskategorien und Nationalitäten durch Überlebende. Vgl. Freund, Arbeitslager Zement, S. 156.

231 Zum unterschiedlichen Alter der Toten der einzelnen Häftlingsgruppen siehe: Freund, Die Toten von Ebensee, S. 353 f; Kranebitter, Zahlen als Zeugen, S. 181 ff.

Politische Häftlinge „Schutzhäftlinge" und Spanier in Ebensee				
Schutzhäftlinge	Appell 3.5.1945	Namentlich bekannte Tote bis 6.5.1945	Namentlich bekannte Tote in % aller toten Sch.	Sterblichkeit (Appell 3.5.1945 + namentlich bekannte Tote = 100%)
Sch. Alb.	5	3	0,1%	37,5%
Sch. Belgien	65	9	0,3%	12,2%
Sch. Bulg.	1	1	0,0%	50,0%
Sch. Chinesen	1			0,0%
Sch. DR	501	53	1,7%	9,6%
Sch. Este	1	1	0,0%	50,0%
Sch. Finnland	1			0,0%
Sch. Frz.	1.018	325	10,2%	24,2%
Sch. Griech.	191	73	2,3%	27,7%
Sch. Ital.	399	458	14,4%	53,4%
Sch. Jugo	588	267	8,4%	31,2%
Sch. Kroat.	5	3	0,1%	37,5%
Sch. Lette	24	33	1,0%	57,9%
Sch. Lit.	18	12	0,4%	40,0%
Sch. Lothr.	2	1	0,0%	33,3%
Sch. Lux	18	1	0,0%	5,3%
Sch. NL	47	14	0,4%	23,0%
Sch. Norw.	8	3	0,1%	27,3%
Sch. Pole	2.994	1.745	54,8%	36,8%
Sch. Portug.		1	0,0%	100,0%
Sch. Rumäne	5	1	0,0%	16,7%
Sch. Russe	281	147	4,6%	34,3%
Sch. Schwede	1			0,0%
Sch. Slow.	149	11	0,3%	6,9%
Sch. Staatenlos	21	3	0,1%	12,5%
Sch. Tschech.	103	11	0,3%	9,6%
Sch. Ung.	23	4	0,1%	14,8%
Spanier	220	2	0,1%	0,9%
unbekannt	1	0	0,0%	0,0%
	6.691	3.182	100,0%	32,2%

Tabelle 6: Politische Häftlinge „Schutzhäftlinge" und Spanier in Ebensee (Zitiert aus: Freund, Die Toten von Ebensee, S. 361)

Die politischen Häftlinge inklusive der Spanier (oft auch als „Rotspanier" bezeichnet) bildeten die zahlenmäßig größte Häftlingskategorie im KZ Ebensee. Sie stammten aus praktisch allen Ländern Europas.

Die politischen Häftlinge wiesen eine durchschnittliche Sterblichkeit von 32 Prozent auf.[232] Die Sterblichkeit jeder einzelnen Nationalität zeigt, dass es innerhalb der Kategorie der „Schutzhäftlinge" bzw. „Politischen" starke Unterschiede in Bezug auf die Lebensbedingungen und Überlebenschancen gab, abhängig vom durchschnittlichen Alter, dem Zeitpunkt der Inhaftierung, der Möglichkeit des Postempfanges usw. Die Italiener hatten mit einer Sterblichkeit von über 53 Prozent die schlechteste Stellung innerhalb der Kategorie der „Politischen". Der Grund dafür war, dass sie, von der SS nach dem Sturz Mussolinis im Juli 1943 als „Verräter" gebrandmarkt, besonders schlecht behandelt wurden. Gleichzeitig stießen sie auch auf Misstrauen bei den anderen politischen Häftlingen, da man in ihnen eine Nationalität sah, die lange mit Nazideutschland verbündet gewesen war. Die Polen mit einer Sterblichkeit von über 36 und Russen von über 34 Prozent hatten ebenfalls eine Sterblichkeit über dem Durchschnitt der „Politischen", was der nach rassistischen Kriterien differenzierten Behandlung der Nationalitäten durch die SS entsprach.

Jugoslawen, Griechen, Franzosen und kleine Nationalitätengruppen bildeten die Mittelschicht mit einer Sterblichkeit zwischen 24 und 31 Prozent. Deutsche (9,5 Prozent), Tschechen (9,6 Prozent) und Spanier (0,9 Prozent) gehörten zur Oberschicht. Ohne auf die vielfältigen Faktoren einzugehen, die zur Sterblichkeit der einzelnen Nationalitäten beitrugen, bestätigt dieser Befund die in der Literatur bereits häufig beschriebene Stellung der nationalen Gruppen in der Häftlingsgesellschaft der Spätphase der Konzentrationslager.[233]

Wie bei den politischen Häftlingen war die Sterblichkeit der jüdischen Häftlinge sehr unterschiedlich.

232 Siehe dazu: Freund, Die Toten von Ebensee, S. 361 ff.
233 Vgl. Sofsky, Die Ordnung des Terrors, S. 150.

Namentlich bekannte jüdische Häftlinge in Ebensee						
	Appell 3.5.1945	Namentlich bekannte Tote bis 6.5.1945	Namentlich bekannte Tote in % aller toten Juden	Sterblichkeit Appell 3.5.1945 + namentlich bekannte Tote = 100%	Durchschnitts-alter	Standard-abweichung (in Jahren)
Belg. Jude	33	21	0,7%	38,9%	34	9
Bolivien Jude	2	2	0,1%	50,0%	20	1
Dän. Jude	1		0,0%	0,0%		
DR Halbjude		1	0,0%	100,0%	20	
DR Jude	60	37	1,2%	38,1%	41	12
Frz. Jude	129	83	2,6%	39,2%	38	9
Gr. Jude	91	59	1,8%	39,3%	30	8
Honduras Jude	1	1	0,0%	50,0%	28	
Ital. Jude	28	73	2,3%	72,3%	28	7
Jugo. Jude	6	7	0,2%	53,8%	37	12
Kroat. Jude	1	1	0,0%	50,0%	26	
Lett. Jude	1		0,0%	0,0%		
Lit. Jude	3	1	0,0%	25,0%	47	
Lux. Jude	2		0,0%	0,0%		
NL Jude	36	40	1,3%	52,6%	35	9
Poln. Jude	2.151	815	25,5%	27,5%	33	9
Rum. Jude	9	6	0,2%	40,0%	36	17
Russ. Jude	8	2	0,1%	20,0%	32	7
Serb. Jude		1	0,0%	100,0%	51	
Slow. Jude	91	113	3,5%	55,4%	34	10
Span. Jude		1	0,0%	100,0%	38	
Staatenl. Jude	12	7	0,2%	36,8%	38	10
Tsch. Jude	59	30	0,9%	33,7%	37	10
Türk. Jude		2	0,1%	100,0%	47	8
Ung. Jude	2.240	1.896	59,3%	45,8%	36	12
USA Jude	4	1	0,0%	20,0%	32	
Gesamtergebnis	4.968	3.200	100,0%	39,2%	35	11

Tabelle 7: Jüdische Häftlinge im KZ Ebensee. (Zitiert aus: Freund, Die Toten von Ebensee, S. 139)

Wesentlich für die Überlebenschancen war die Dauer der Inhaftierung in Mauthausen und seinen Außenlagern. Diese kann von den Häftlingsnummern abgelesen werden, die jeder Häftling bei der Ankunft im Hauptlager erhielt.[234] Die Häftlingsnummern waren nicht nur Herrschaftsmittel der SS, sondern sie hatten auch unter den Häftlingen eine nicht zu unterschätzende Bedeutung und trugen zur Differenzierung der Häftlingsgesellschaft bei. Die SS setzte, wie schon weiter oben beschrieben, bevorzugt „alte" Häftlinge in Positionen der „Häftlingsselbstverwaltung" ein. „Alt" beschrieb jedoch nicht das physische Alter, sondern die Tatsache, dass es ein

234 Siehe dazu: Freund, Die Toten von Ebensee, S. 356 ff; Kranebitter, Zahlen als Zeugen, S. 212.

Häftling geschafft hatte, längere Zeit im Konzentrationslager zu überleben, was an seiner niedrigen Häftlingsnummer ablesbar war.

Die aufgrund der Häftlingsnummern und des bekannten Sterbedatums mögliche Berechnung der durchschnittlichen Überlebensdauer zeigt, dass im Mittelwert ein Häftlinge 6,7 Monate von seiner Ankunft im KZ Mauthausen bis zu seinem Tod im KZ Ebensee lebte.[235] Von den namentlich bekannten 7.626 Toten bis einschließlich 6. Mai 1945 sind nur bei sieben die Häftlingsnummern nicht bekannt. Die durchschnittliche Überlebensdauer der 7.619 Toten lässt sich wie folgt darstellen:

Überlebensdauer von der Ankunft in Mauthausen bis zum Tod in Ebensee		
Häftlingskategorie	Anzahl der namentlich bekannten Toten	Mittelwert in Monaten (+/- 14 Tage)
Sch.	3.178	8,1
Spanier	2	32,3
Juden	3.199	4,1
Ziv.Arb.	775	8,9
Kgf.	322	10,9
SV	70	13,0
BV	46	9,7
AZR	15	13,2
WA	9	5,1
Bifo	2	2,7
Zig. Slow.	1	43,0
Gesamt	7.619	6,7

Tabelle 8: Überlebensdauer von der Ankunft in Mauthausen bis zum Tod in Ebensee (Zitiert aus: Freund, Die Toten von Ebensee, S. 358)

Analysiert man die Mittelwerte der einzelnen Gruppen, so zeigt sich eindeutig, dass Juden mit 4,1 Monaten die geringste mittlere Überlebensdauer hatten, aber auch bei dieser Gruppe die Einzelschicksale differieren konnten, wenn auch wesentlich geringer als bei anderen Gruppen. Die „politischen" Häftlinge hatten demgegenüber eine fast doppelt so lange durchschnittliche Überlebensdauer (8,1 Monate). Auffallend sind dabei die beiden verstorbenen Spanier, die 42 bzw. 23 Monate überlebt hatten, bis sie im März bzw. Mai 1944 starben.

Die von der SS als „SV" und „AZR" kategorisierten Häftlinge überlebten im Unterschied dazu im Schnitt 13,0 bzw. 13,2 Monate, bis sie in Ebensee starben. Sie waren die Überlebenden von systematischen Vernichtungsaktionen in Mauthausen.

235 Diese Berechnung stellt nur einen Annäherungswert dar, da aufgrund der Häftlingsnummer nur der Monat der Ankunft in Mauthausen bestimmt werden konnte und nicht der exakte Tag.

3.8 Die letzten Monate vor der Befreiung

Die Geschichte des Konzentrationslagers Ebensee lässt sich in drei Perioden einteilen.[236] In der Aufbauphase, November 1943 bis Januar 1944, waren die Lebensbedingungen äußerst hart. In der Phase, als das Lager „normal" funktionierte, zwischen Februar 1944 und Dezember 1944, waren sie etwas erträglicher. Der warme Sommer trug dazu wesentlich bei. Ab Januar 1945 bis zur Befreiung des Lagers herrschten unvergleichbar katastrophalere Verhältnisse. Drahomír Bárta und Vinco Bernot[237] berichten der amerikanischen Untersuchungskommission nach der Befreiung:

„Im Winter von 1944 auf 1945 herrschte ein absoluter Mangel an Kleidung, Schuhen und Essen. 90 % der Häftlinge gingen ohne Mantel, Pullover oder Handschuhe zur Arbeit und viele von ihnen bloßfüßig, ich betone ohne Socken und Schuhe. Sie wickelten ihre Füße in ein Stück Papier, einen Lumpen oder in ein Stück von einer Decke. Das wurde natürlich als Sabotage bezeichnet und mit 25 Schlägen auf das Gesäß bestraft. Die großen Kommandos brachten ihre toten Kameraden auf LKW's und die kleinen Kommandos trugen ihre toten Kameraden auf den Schultern. Die Häftlinge starben auf den Lagerstraßen, außerhalb und innerhalb der Baracken. Das Revier war so überfüllt, daß 4–5 Häftlinge in einem Bett lagen. Diejenigen, die noch bis zum Revier gehen konnten, wurden überhaupt nicht aufgenommen. Es gab Fälle – bei einem dieser Fälle war ich Augenzeuge – daß ein Häftling, der von der SS im Revier als arbeitsfähig bezeichnet wurde, am Weg vom Revier zur Wohnbaracke verstarb. Nach der Ankunft weiterer Transporte aus den KZ-Lagern Melk, St. Valentin, Wels, Leibnitz und Redl-Zipf stieg die Zahl der Häftlinge in unserem Lager auf 18.000, wovon 6.000 ernstlich krank waren. In jedem Bett schliefen 3–4 Häftlinge. Die Verpflegungsration war Mitte März 1945 folgende:

Früh 1/2 l ungesüßter, warmer Kaffee, mittags 3/4 l Suppe mit einigen Kartoffelschalen und Fettaugen, sonst nur aus Wasser bestehend, abends 1 Laib Brot (1.350 g) für 6 arbeitende und 9 kranke Häftlinge. [...] Der Hunger verwandelte die Häftlinge in lebende Skelette, die auf nichts reagierten oder sich wie wilde Tiere benahmen. Einzelne Häftlinge oder Gruppen von Häftlingen fielen wegen ein paar Brotkrumen über die anderen her. Andere aßen Gras, Blätter, Lehm oder Kohlen. Am 26.4.1945 wurde im Block Nr. 26 der Körper eines toten ungarischen Juden aufgefunden, dem man das halbe Gesäß weggeschnitten hatte. Einige unbekannte Häftlinge wurden zu Kannibalen. Die schlimmste Baracke war, wie wir sie nannten, die „Todesbaracke". Das war der Block 23. In diesem Block waren dauernd 600 bis 700 Häftlinge. Sie

236 Dieses Kapitel nach: Freund, Arbeitslager Zement, S. 242 ff.

237 Vinko Bernot, geb. 30.1.1913 in Stranje, jugoslawischer Schutzhäftling, Häftlingsnummer 41079, ab 12.1.1944 im KZ Ebensee.

schliefen dort auf dem Boden ohne Betten; Sterbende und Tote auf einem Haufen. Allein in diesem Block betrug die Sterblichkeitsziffer 60–90 Häftlinge pro Tag. In dem benachbarten Block Nr. 22, wo kranke Häftlinge in Betten lagen, passierte folgendes:

Eines Morgens stellte der Verwaltungsführer für den Block beim Wecken fest, daß ein Toter fehlte. Nach einigem Suchen fand er den Toten in sitzender Stellung in einem Bett neben einem kranken Häftling. Dieser kranke Häftling stand nachts auf, legte den Toten in das Bett neben sich, setzte ihn dann auf, um seine Morgensuppe zu bekommen, damit er nicht vor Hunger starb.“[238]

Ähnliches berichten die meisten überlebenden Häftlinge. Der Pole Jakub Willner meint, „Ebensee war eine wirkliche Hölle. [...] Nach 12-stündiger schwerer Arbeit irrten die Häftlinge im Lager und in den verschiedenen Blocks umher und suchten sogar auf dem Müllhaufen noch irgend etwas zu essen.“[239] „In den Blöcken herrschten furchtbare Verhältnisse“, bestätigt Jan Dziopek, „man schlug und mordete ohne Grund“.[240] Die verzweifelten Häftlinge versuchten alles, um den quälenden Hunger zu stillen.

„Die Gefangenen aßen alles, was man kauen konnte: Blätter, Gras und sogar Kohle. Ich erinnere mich, wie man irgendeine weiche Kohlensorte zum Heizen ins Lager brachte. Die ausgezehrten und zur Verzweiflung gebrachten Gefangenen sprachen darüber, daß in dieser Kohle irgendwelche Fette enthalten sind, daß aus dieser Kohle angeblich Margarine hergestellt wird, und sie begannen, diese Kohle zu essen. Daran ist eine große Zahl von Gefangenen gestorben.“[241]

Unter diesen Umständen vegetierten im KZ tausende Menschen als „Muselmänner“, wie im Lagerjargon jene halb verhungerten Häftlinge genannt wurden. Sie hatten praktisch keine Überlebenschance mehr und warteten nur noch auf den Tod. Der Luxemburger Jean Majerus[242], der im Frühjahr 1945 nach Ebensee kam, überlebte durch die Solidarität seiner Landsleute:

„Ich bin jeden Abend in die Schreibstube gegangen, und da hat der Scholtes mir ein Butterbrot oder Kartoffeln gegeben, die er organisieren konnte mit den Spaniern zusammen. Denn die Spanier hatten ja die SS-Küche, und die konnten organisieren. Ich konnte nichts organisieren; ich war ja eigentlich Muselmann; ich konnte nichts, ich konnte überhaupt nichts tun.“[243]

238 Eidesstattliche Aussage Drahomír Bárta, Vinco Bernot, 17.5.1945, IMT PS 2176.
239 Jakub Willner, Moja droga do Mauthausen, Lublin o.J., S. 181.
240 Jan Dziopek, Walka o zycie. In: Pamietniki nauczycieli. Z obozów i wiezie n hitlerowskich 1939–1945, Warszawa 1962, S. 381.
241 Zeugenaussage Ilja Fedorowitsch N., 19.8.1967, Z St Ludwigsburg AZ 419 ARZ 4/64 (Ganz).
242 Jean (Johann) Majerus, DR Schutzhäftling aus Dudelingen (Luxemburg), geb. am 10.10.1926, Häftlingsnummer 131455, kam aus dem KZ Sachsenhausen am 16.2.1945 nach Mauthausen.
243 Interview des Autors mit Jean Majerus, Kas. 1, Seite A, S. 9.

Abb. 35: Befreite Häftlinge des KZ Ebensee nach der Dusche, Mai 1945, Fotograf: Joseph H. Strubel, US Signal Corps, Fotoarchiv der Gedenkstätte Ebensee/Collection USHMM

Häftlinge, die das Stadium eines „Muselmannes" erreicht hatten, wurden von den anderen Häftlingen gemieden:

„Von den anderen Häftlingen wurde man ausgestoßen, weggestoßen. Die Häftlinge, die sind so abgestumpft, also die Häftlinge denken nur an ihr eigenes Überleben, die meisten, und wenn da irgendeiner ist, wo man auffallen könnte bei der SS, wird man sofort abgeschoben. Man nimmt keine Notiz mehr von ihm."[244]

Jean Majerus beschreibt das Gefühl, das er als halb Verhungerter hatte:

„Also als halber Muselmann hab ich so das Empfinden gehabt, man schaut immer nur geradeaus, man merkt das Hin und Her und das Geräusch um einen herum nicht, man denkt an das Leben, das man lebt, man ist froh darüber, aber man geht so wie benebelt, man ist aber fest auf den Beinen, aber – sagen wir – wie wenn man aus einer Narkose (erwacht), man ist benommen."[245]

Nach übereinstimmenden Aussagen überlebender Häftlinge waren der 23. und 26. Block die schlimmsten im Lager. Dort waren jene Häftlinge unter den unmenschlichsten Verhältnissen untergebracht, die zu schwach waren, um zu arbeiten.

„[...] als Transporte mit jüdischen Häftlingen einzutreffen begannen, führte er (Ganz) ein schreckliches Regime ein. Er ordnete an, daß zuerst alle jüdischen Häft-

244 Interview des Autors mit Jean Majerus, Kas. 1, Seite B, S. 13 f.
245 Interview Majerus, Kas. 1, Seite B, S. 24.

linge, die schwach und zu unserer schweren Arbeit unter der Erde und in den Steinbrüchen nicht fähig waren, zu eliminieren sind. Das wurde auf diese Weise ausgeführt, daß in den Baracken, in denen die Neulinge untergebracht waren, alle Fenster entfernt wurden. In den Baracken herrschte ständig Durchzug, und es war schrecklich kalt. Alle kranken Juden mußten in der Baracke 26 liegen, die zur Todesbaracke erklärt wurde. Dort gewährte ihnen niemand irgendwelche ärztliche Hilfe. Es gab Fälle, daß täglich bis zu zehn Leute allein in dieser Wohnbaracke starben. Jene Juden, die derart schwach waren, daß sie nicht zur Baustelle außerhalb des Lagers gehen konnten, mußten in Fünferreihen vor ihren Baracken bei jedem Wetter, viele halbnackt, stehen. Nur damit sie Lungenentzündung bekommen sollten, um ihr Ende zu beschleunigen. Für diese Funktion fand er Helfer unter den Juden selbst."[246]

Aus den vorliegenden Aussagen wird nicht klar, ob die Blocks 23 und 26 ausschließlich Juden vorbehalten waren; sicher ist, dass Juden vom Hunger am schlimmsten betroffen waren. Auch Hrvoje Macanović erinnert sich, dass der im La-

Abb. 36: Häftlinge zwei Wochen nach der Befreiung, Foto Bohuslav Bárta, 22./23. Mai 1945, Privatarchiv Bárta, Prag

246 Zeugenaussage Hrvoje Macanović, 19.9.1945, Sta München 112 Js 7/12/66 (Anton Ganz), Dokumentenband IV/2.

ger herrschende Hunger durch Anordnungen des Lagerführers Ganz verschärft wurde und es zu Fällen von Kannibalismus kam:

„Einen Monat vor Kriegsende hatte Ganz befohlen, die im Block Nr. 26 untergebrachten Juden von der Verpflegung abzusetzen, und man hörte überhaupt auf, ihnen irgendwelche Speisen zu geben. Die Lage der Häftlinge des Blocks Nr. 26 wurde derart schrecklich, daß es dort zu Fällen von Kannibalismus kam. Ganz paßte persönlich sehr streng darauf auf, daß der Befehl betreffend die Absetzung der Häftlinge des Blocks Nr. 26 von der Verpflegung beachtet wird, und überprüfte täglich selbst den Zustand der Häftlinge dieses Blocks."[247]

Der Italiener Roberto Camerani[248] überlebte in einem der „Todesblöcke". Er berichtet, dass er nach Kürzung der Essensration mit dem Tod vor Augen in ein Stadium vollkommener Resignation verfiel:

„Es gab keine Decken und keine Strohsäcke, nur Holzbretter. Die Beckenknochen, die am weitesten herausstanden und die unsere Haut bereits durchbrochen hatten, kamen noch mehr heraus, und wir lagen dort unbeweglich den ganzen Tag, ohne die Kraft zu haben, vom Stockbett herunterzusteigen oder hinaufzusteigen.

Klarerweise machten wir alles ins Bett, und so wälzten sich die 4, die oben schliefen, im eigenen Urin und im eigenen Kot, aber diejenigen, die unten schliefen, machten das gleiche auch mit dem Urin und mit dem Kot aller 12 Männer. [...]

Zur Mitte des Tages mussten wir uns im Bett aufsetzen, und wir bekamen die Suppe. Setzte sich jemand nicht mehr auf, so bedeutete das, dass er tot war, und wenn wir das bemerkten, so bewegten wir ihn und versuchten ihn aufzurichten, ihn mit großer Anstrengung sitzend zu halten, und richteten uns zurecht, um ihn lebend erscheinen zu lassen, indem wir ihm die Augen offen hielten und ihn schüttelten; denn so bekamen wir seine Suppe und teilten sie durch 3. Am Abend mussten wir aus dem Bett herauskommen und uns in der Reihe aufstellen, um gezählt zu werden. Als wir standen, gaben sie uns dann die Scheibe Brot, und hier konnte man nichts mehr vormachen. Wer im Bett blieb, wurde von den Aufsammlern der Toten fortgetragen. Natürlich waren wir alle unkenntlich und schrecklich anzusehen."[249]

Roberto Camerani überlebte nur, weil die Befreiung des Lagers durch die Amerikaner für ihn gerade noch rechtzeitig erfolgte. Viele Häftlinge, die die Evakuierungsmärsche aus Auschwitz überlebt hatten und im Frühjahr 1945 nach Ebensee kamen, meinen, dass die Lebensbedingungen während der letzten Monate in Ebensee

247 Zeugenaussage Wladimir S.S., 12.8.1967, Z St Ludwigsburg AZ 419 ARZ 4/64 (Ganz).

248 Roberto Camerani, geb. am 9.4.1925 in Triuggio Brinaza, italienischer Schutzhäftling, Häftlingsnummer 57555, am 13.3.1944 Ankunft in Mauthausen, später KZ Ebensee.

249 Roberto Camerani, Il Viaggio, Cernusco s/N 1983, S. 94.

schlechter waren als im Stammlager Auschwitz.[250] Ferdinand G., der sieben Monate in Auschwitz war, sagt, „die Zeit im Arbeitslager in Auschwitz war viel besser als die Zeit in Ebensee". Er erinnert sich, in Auschwitz viel weniger geschlagen worden zu sein als in Ebensee.[251] Ob diese Aussage für alle Kategorien von Häftlingen zutrifft, kann jedoch nicht beurteilt werden.

Während sich in den letzten Wochen vor der Befreiung des Lagers unter den Wachmannschaften Unsicherheit breit machte, verübten einige SS-Blockführer und der Lagerführer Ganz bis zum letzten Tag eine Unzahl von Grausamkeiten. Es fanden noch Hinrichtungen und Auspeitschungen statt, als die Niederlage des NS-Regimes unmittelbar bevorstand.

Das massenhafte Sterben der entkräfteten Häftlinge bewirkte, dass das Krematorium nicht mehr alle Toten verbrennen konnte:

„Gegen Kriegsende verstarben mehr Häftlinge, als verbrannt werden konnten. Über 1.100 Leichen wurden deshalb, solange es kalt war, also im Winter 1944/45 hinter der Desinfektionsbaracke wie Holzscheite gestapelt. Als es dem Frühling zuging, wird sich die Lagerleitung darüber Gedanken gemacht haben. Eines Nachts wurde ein besonderes Kommando zusammengestellt, das auf dem Gelände zwischen Revier und Desinfektionsbaracke, und zwar in der Nähe des Drahtzaunes, eine große Grube aushob und diese Leichen hineinlegte. Dieses Grab wurde sofort wieder zugeschaufelt und eingeebnet, auch zu Tarnungszwecken etwas bepflanzt. Von Leuten dieses Kommandos weiß ich, daß sie zur Geheimhaltung verpflichtet wurden."[252]

3.9 Widerstand

Alle Handlungen, die über den Horizont der eigenen Lebenssicherung hinauswiesen und die gegen die Behandlungsprinzipien und Ziele der SS gerichtet waren, wie z.B. Solidarität oder Schmuggel von Nahrung und Medikamenten, sind als Widerstand zu verstehen.[253]

Spontaner Widerstand konnte verschiedene Formen haben. Sicherlich spontan war die Reaktion Drahomír Bártas Anfang Dezember 1943, kurz nach der Ankunft in Ebensee. In seinem geheim geführten Tagebuch notierte er:

---

250 Zeugenaussage Ludwig F., 20.12.1967, Z St Ludwigsburg AZ 419 ARZ 4/64 (Ganz).

251 Zeugenaussage Ferdinand G., 17.9.1968, Z St Ludwigsburg AZ 419 ARZ 4/64 (Ganz).

252 Zeugenaussage Ernst L., 15.5.1968, Z St Ludwigsburg AZ 419 ARZ 4/64 (Ganz). Freund, Arbeitslager Zement, S. 334.

253 Ausführlich zum Widerstand im KZ Ebensee siehe: Freund, Arbeitslager Zement, S. 359 ff.

„Ein Vorkommnis mit den Polen, sie schrieben einen *schwarzen Brief*[254] nach Hause. Büchner erwischte sie dabei. Den Dolmetscher macht zuerst Hugo Kozubski[255] [Pole], dann ich, Pribil[256] dabei:

‚Was wolltest du mit dem Brief machen?' ‚Eine Briefmarke und einen Umschlag kaufen und den Brief nach Hause schicken, wenn es mir gelingen sollte, ihn irgendwo in einen Briefkasten einzuwerfen.' Ich übersetze. ‚Ich bereitete mir einen Entwurf vor.' Es ist gut ausgegangen."[257]

Diese spontane äußerst mutige Verhalten war einer der Ausgangspunkte für die Herstellung von Vertrauen unter den Häftlingen, was die Voraussetzung für organisierte Widerstandstätigkeit war.

Andere spontane Handlungen von einzelnen Häftlingen waren sicherlich Sabotage, wenn sich denn eine Gelegenheit ergab. Aber das Risiko war extrem hoch, da die SS jeden ungewöhnlichen Vorfall als Sabotage betrachtete und häufig mit dem Tod bestrafte. Tatsächliche Sabotageakte dürften daher eher selten gewesen sein. Drahomír Bárta erinnert sich, dass über Sabotage des Öfteren gesprochen wurde: „Ich meine, es waren spontane, aber ganz sicher waren es auch geplante Fälle von Sabotage."[258] Renato Mariotti[259] bestätigt, dass es Formen von Sabotage gegeben habe, die darin bestanden hätten, dass Häftlinge Pressluftschläuche durchschnitten oder Sand in die Filter der Raffinerieanlagen schaufelten.[260] Ladislaus Zuk erzählt, dass Gleise gelockert wurden, damit die Arbeit ins Stocken käme, doch im ganzen hätte es Sabotage nur selten gegeben.[261] Luigi Rizzi[262] hingegen betont, dass der Begriff Sabotage im Munde aller Kapos war und für jede Nichtigkeit verwendet wurde, „aber an richtige und eigentliche Sabotage konnte man nicht denken".[263]

Um jedoch überhaupt an Sabotage, Solidarität und Widerstand denken zu können, musste ein Häftling über ein gewisses Existenzminimum verfügen. Für den Großteil der Häftlinge in Ebensee war dies aber unerreichbar. Solidarität war daher auf einen relativ kleinen Teil der Häftlinge beschränkt und zeigte sich vor allem im Rahmen des Beziehungsgeflechtes im Lager, abseits von politischem und interes-

254 Illegaler Brief.

255 Hugo Kozubski, geb. 1.4.1903 in „Litzmannstadt" Łodź, polnischer Schutzhäftling, Häftlingsnummer 13014, am 14.9.1942 Ankunft in Mauthausen, 12.6.1943 in das KZ Schlier, am 20.11.1943 in das KZ Ebensee.

256 Hermann Pribill, geb. 1923, SS-Rapportführer, 1946 vom amerikanischen Militärgericht in Dachau zum Tode verurteilt, exekutiert am 28.5.1947.

257 Bárta. Tagebuch, S. 44 ff., Eintragung vom 5.11.1943.

258 Interview des Autors mit Bárta, Kas. 3, Seite A, S. 3.

259 Renato Mariotti, geb. 1.8.1922 in Cortono, italienischer Schutzhäftling, Häftlingsnummer 57249, 11.3.1944 Ankunft in Mauthausen, später KZ Ebensee.

260 Schreiben Mariotti Renato an den Autor.

261 Interview des Autors mit Zuk, Kas. 1, Seite B, S. 28.

262 Luigi Rizzi, geb. 15.12.1922 in Ploaghe (?), Häftlingsnummer 57374, italienischer Schutzhäftling, 11.3.1944 Ankunft in Mauthausen, dann KZ Ebensee.

263 Schreiben Luigi Rizzi an den Autor.

sensgebundenem Verhalten. In kleinem Ausmaß gab es im KZ Ebensee auch „politische Solidarität", d.h. Solidarität aus weltanschaulichen und humanitären Motiven, sowie „nationale Solidarität" im Zusammenhalt der einzelnen Nationalen Gruppen im Lager.

Das Spektrum der Erinnerungen ehemaliger Häftlinge reicht vom Fehlen jeglicher Solidarität bis zum organisierten internationalen Widerstand. So meint der Italiener Biancini Ciacomo:[264]

„Ich habe nie erlebt, dass Widerstand gegen die institutionalisierte Ordnung organisiert worden wäre. Aber ich kann niemanden tadeln, denn keiner war in der Lage, unter den Bedingungen, unter denen wir lebten, die Kraft zum Widerstand zu finden. Und jeder von uns riskierte bereits zuviel, um sich erlauben zu können, auch das nackte Leben, das ihm blieb, zu riskieren. Die Freunde waren nicht mehr Freunde, die Väter kannten ihre Söhne nicht mehr, die Brüder waren wenig mehr als Fremde. Es gab eine Philosophie, die uns Deportierte beherrschte: ‚Es ist besser, dass ein anderer stirbt als ich. Ich bin so tief gefallen, aber es ist die einzige Lösung, Hoffnung und der einzige Ausweg.'"[265]

Der Tscheche Drahomír Bárta, der in der Lagerschreibstube arbeitete, berichtet von nationalen Solidaritäts- und Widerstandsgruppen, wie auch von einer internationalen Gruppe, die sich im Frühsommer 1944 bildete.[266] Die Haupttätigkeit dieser Gruppen war die Organisation von solidarisch-materieller Hilfe. Jedoch befanden sich alle Häftlinge, die in der Lage waren, Solidarität und Widerstand zu leisten, in einem doppelten Dilemma. Zum einen war die Voraussetzung dafür, dass Häftlinge privilegierte Positionen in der „Häftlingsselbstverwaltung" erlangten. In diesen Positionen mussten sie – auch im Sinne der SS – mithelfen, die Strukturen der Herrschaft im Lager aufrechtzuerhalten. Zum anderen konnte wegen des Massenelends die solidarisch-materielle Hilfe immer nur Einzelnen zugute kommen und sie wurde – zwangsläufig – häufig auch auf Kosten anderer Häftlinge erbracht. Die SS bestimmte die Menge der Nahrung, die ins Lager kam, und diese reichte niemals für das Überleben aller Häftlinge aus. Die zum Widerstand bereiten Häftlinge in der „Häftlingsselbstverwaltung" konnten nur in die Verteilung der verfügbaren Nahrung eingreifen. Auch die Zuteilung eines „besseren" Arbeitskommandos konnte individuell zur Rettung beitragen, bedeutete aber auch, dass ein anderer in das „schlechtere" Arbeitskommando einrücken musste. Die genaue Zahl der von den Firmen angeforderten Häftlinge musste jedoch jeden Tag bereitgestellt werden.

264 Giacomo Biancini, geb. 20.2.1923 in Milano, Häftlingsnummer 56939, italienischer Schutzhäftling, 11.3.1944 Ankunft in Mauthausen, dann KZ Ebensee.

265 Schreiben von Biancini Ciacomo an den Autor.

266 Siehe dazu ausführlich: Freund, Arbeitslager Zement, S. 365 ff.

Die Reichweite jeglicher Art von Hilfe für andere dürfte schon 1944 sehr gering gewesen sein. Wegen der Überfüllung des Lagers ab Jänner 1945, so ist aufgrund der vorhandenen Berichte zu schließen, diente die materielle Hilfe jedoch vor allem der Konsolidierung der verschiedenen nationalen Widerstandsgruppen.

Jean Laffitte[267] gibt ein in seinem 1950 publizierten romanhaften Erlebnisbericht ein Gespräch der Leitung der französischen Widerstandsgruppe wieder, das einen guten Einblick in die praktische Arbeit und die Probleme einer Widerstandsgruppe im KZ Ebensee im Sommer 1944 vermittelt:

„(Fernand:) ‚Es ist sehr schwer, wir hatten nicht die Möglichkeit, allen zu helfen. Einige Genossen sind ungehalten, daß wir auch solchen helfen, die nicht zu uns gehören. Ich glaube, wir müssen unsere Hilfe mehr unseren Freunden gewähren, denn in vielen Fällen lehrt uns die Erfahrung, daß wir erst beginnen müssen, die zu retten, die kämpfen, bevor wir jene retten, die nicht kämpfen. So gelang z.B. unserem Freund André ein Sabotageakt an einer Maschine. Man muß ihm vor einem anderen helfen, der nur allzu leicht vergißt, daß unsere Feinde von seiner Arbeit profitieren.'

(Laffitte:) ‚Das denke ich auch, aber ich glaube, daß man andererseits keinen Unterschied zwischen jenen, die kämpfen, machen darf, wenn sie gut kämpfen. Meiner Ansicht nach müssen in erster Linie die Menschen gerettet werden, die sich am besten benehmen, wer sie auch sein mögen, jene, die für die Allgemeinheit am nützlichsten sein können. Ganz klar ausgedrückt: Wenn nur ein einziger es überleben sollte, so sollte es der Beste von uns allen sein. Wir sind noch nicht soweit, aber es ist eine Tatsache, daß von allen nur einigen geholfen werden kann. Daher können wir nicht alle zufrieden stellen, was immer wir auch tun mögen. Wir dürfen auf keinen Fall das Allgemeininteresse aus den Augen verlieren [...].'"[268]

Im weiteren Verlauf des von Laffitte geschilderten Gespräches wird deutlich, wie minimal die Hilfen waren, die die französische Widerstandsgruppe im Herbst 1944 ihren Landsleuten geben konnte:

„(Fernand:) ‚In der Schusterei können wir regelmäßig sieben bis acht Häftlingen etwas Suppe und Brot geben. Wir können diese Hilfe nicht ausdehnen, sonst würde sie unwirksam werden. An anderen Stellen können unsere befreundeten Kapos ungefähr einem Dutzend, vielleicht auch zwanzig helfen, Petit Louis zweien, und das ist alles, was wir von uns aus tun können. Dazu kommt noch, was wir von anderer Seite erhalten. Paul bekommt jeden Tag eine Portion Suppe von Bárta, Lucien und der kleine Roger helfen sich selbst durch kleine Arbeiten auf eigene Rechnung.'

(Laffitte:) ‚Ich erhalte regelmäßig etwas von Willy. Aber wir haben einige spanische Freunde, die uns helfen können. Rodrigo gibt zwei Franzosen im Steinbruch zu

267 Jean Laffitte, geb. 24.3.1910 in Agnac, französischer Schutzhäftling, Häftlingsnummer 25519, ab 9.3.1944 im KZ Ebensee.

268 Laffitte, Die Lebenden, Berlin 1950, S. 298.

essen. Alonso und Alton, die Stubenältesten, geben auch von Zeit zu Zeit etwas Suppe ab. Wenn wir einen wichtigen Fall haben, können wir uns an sie wenden, aber wir müssen vor allem auf uns selbst, auf unsere Landsleute zählen können.'

‚Zum Schluß', beendet Fernand seinen Bericht, ‚ist festzustellen, daß im großen und ganzen vierzig Franzosen etwas durch unsere Organisation erhalten.'"[269]

Bei einem Lagerstand im zweiten Halbjahr 1944 von ca. 7000 bis 8000 Häftlingen, von denen etwa 600 Franzosen waren, stellten diese Aktivitäten nur einen Tropfen auf dem heißen Stein dar. Die Hilfe diente vor allem der Konsolidierung der Lebenssituation der eigenen Gruppenmitglieder. Immer wieder ergaben sich für die Gruppe Situationen, die eine Entscheidung verlangten. Das Wissen, dass die solidarische Hilfe der Gruppe nur wenigen ausgesuchten Häftlingen zukommen konnte, war schmerzlich und erzeugte jedes Mal Gewissenskonflikte. Laffitte schildert das Problem einem jungen französischen Studenten namens Maurice, der sich in der Lorraine im Widerstand betätigt hatte, mit Nahrung zu helfen. „Es bleibt daher nur eine einzige Möglichkeit, das heißt wir müssen unter denjenigen, denen wir helfen, jenem die Unterstützung entziehen, der für unsere Gemeinschaft von geringstem Nutzen zu sein scheint" erinnert sich Laffitte. Man musste unter vier Häftlingen wählen, wem die Unterstützung zu entziehen sei, darunter ein junger Mann und Teophile, „einer unserer alten Genossen. Es steht fest, daß er nur noch einen Monat durchhalten kann.'

‚Das stimmt. Was wir für ihn tun, dient im Grunde genommen nur dazu, seine letzten Augenblicke zu lindern, aber er verdient es, er hat ein Leben voller Aufopferung hinter sich. Wenn wir doch gezwungen sind, zwischen einem Sterbenden und einem Jungen, der noch gerettet werden kann, zu wählen, muß man sich entschließen [...].'

‚Schließlich ist noch der junge Katholik da, von dem du uns erzählt hast.'

‚Ja, es ist ein Jugendlicher aus meinem Block. Ich fand ihn derart abgemagert, daß ich ihm abends ein Stück Brot gab. Er dankte mir mit solcher Rührung, daß ich ihm auch weiterhin jeden Tag etwas gegeben habe. Jetzt klammert er sich an mich wie ein Ertrinkender. Er ist am Ende seiner Kräfte und wird sicherlich nicht durchhalten können.'"[270]

Laffitte schildert in der Folge, dass der zuletzt genannte Jugendliche noch besucht wurde, um die endgültige Entscheidung zu fällen. Da er die Kraft und den Mut zum Weiterleben ganz offensichtlich verloren hatte, wurde ihm die weitere Hilfe von Jean Laffitte verweigert:

269 Laffitte, Die Lebenden, S. 299.
270 Laffitte, Die Lebenden, S. 323 ff.

„Als er abends zu mir kam, um sein Brot zu holen, belog ich ihn. Ich erklärte: ‚Heute konnte ich nichts für dich erhalten.'

Weinend ging er fort. Dann habe ich Maurice in seinem Bett aufgesucht und ihm das Stück Brot gegeben.

‚Hier, das ist für dich. Wir werden dir jeden Tag etwas geben. Wir wollen, daß du lebst.'

‚Aber vielleicht ist das Brot, das du sonst einem anderen gegeben hast.'

‚Nein, es steht dir zu, weil du noch kämpfen kannst.'

Der andere starb acht Tage später. Maurice überlebte es."[271]

Große Bedeutung hatten die nationalen Gruppen für die Aufrechterhaltung des Lebenswillens und moralische Integrität der Häftlinge etwa durch die Verbreitung von verlässlichen Informationen über den Verlauf der Fronten.

Die Tätigkeit der kleinen Widerstandsgruppen konnte erst in der Phase der Befreiung für alle Häftlinge wirksam und erfahrbar werden. Im „internationalen Lagerkomitee", von dessen Existenz aus konspirativen Gründen nur die beteiligten Häftlinge wussten, hatten der Tscheche Drahomír Bárta, der Franzose Jean Laffitte und der Jugoslawe Hrvoje Macanović die Führung übernommen. Sie repräsentierten nach ihren Sprachkenntnissen und Kontakten jeweils verschiedene Nationalitäten.[272] Im Sommer erfuhren sie auch davon, dass es in Mauthausen eine Widerstandsgruppe gab.

Bárta notierte in seinem Tagebuch:

„Große Veränderungen auf den Blocks. Am Nachmittag Spaziergang mit Henri Koch. Abends mit Hrvoj. Wir sprachen über Kameraden in Mauthausen. Große Bewegung."[273]

Mit „Spaziergang" bezeichnete Bárta konspirative Besprechungen, da er jederzeit die Entdeckung seines meist auf losen Blättern geschriebenen Tagebuches befürchten musste. So manche Häftlinge wurden in die konspirative Arbeit eingebunden, ohne dass sie es wussten, wie Bárta sich erinnert:

„Andere wiederum, die um etwas Bestimmtes ersucht wurden, hatten keine Ahnung über die Tragweite dessen, was sie taten. Im Lager war Konspiration sehr gefährlich, und je weniger darüber gesprochen wurde, um so besser. Das Ausmaß und der Grad dessen, wie weit die Leute in die Organisation eingeschaltet waren, waren ganz verschieden. [...] Es war bereits ein riesiger Erfolg, dass während unserer Konspiration in Ebensee nichts verraten wurde, auch wenn wir bereits verdächtigt wurden."[274]

271 Ebd.

272 Bárta, Zur Geschichte der illegalen Tätigkeit, S. 115. Diese Angabe wird auch von anderen ehemaligen Häftlingen bestätigt. Vgl. Freund, Arbeitslager Zement, S. 388.

273 Bárta, Tagebuch, S. 66.

274 Bárta, Zur Geschichte der illegalen Tätigkeit, S. 118.

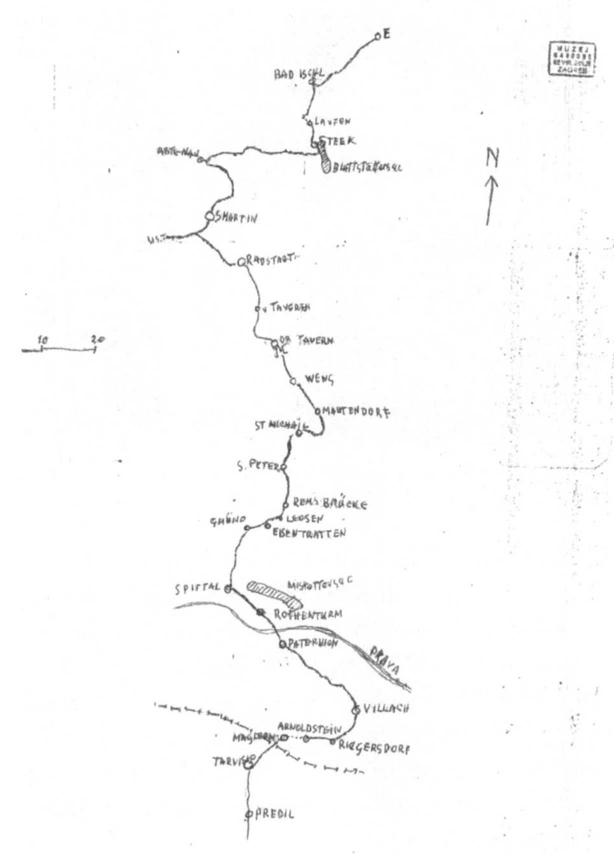

Abb. 37: Fluchtplan Jugoslawischer Häftlinge, Hrvatskog Državnog Arhiva u Zagrebu

Dem „internationalen Lagerkomitee" gelang die Kontaktaufnahme zu zivilen ausländischen Zwangsarbeitern in Ebensee, von denen sie über den Verlauf des Krieges informiert wurden. Entscheidend war jedoch der seit dem Sommer 1944 aufgebaute Kontakt zu einer geheimen Widerstandsgruppe unter den Bewachern selbst. Diese Gruppe unter Führung von Josef Poltrum[275], gedeckt von seinem Vorgesetzten, dem Wiener Hauptmann Payerleitner, versicherte dem Lagerkomitee zu helfen und schmuggelte einige Revolver und Handgranaten in das Lager.

Diese – wenn auch nur minimale – Bewaffnung versetzte die Widerstandsgruppen in die Lage, auch eine international zusammengesetzte Militärgruppe zu bilden,

275 Josef („Jupp") Poltrum, geb. 19.3.1902 in Laakirchen, Unteroffizier der Luftwaffe, abkommandiert zur Bewachung des KZ Ebensee, gestorben 1952. Vgl. Wolfgang Quatember, Josef Poltrum. Ein Beitrag eines Luftwaffenunteroffiziers zur Rettung Ebenseer KZ-Häftlinge, in: betrifft widerstand 109, Juli 2013, S. 15–17.

Abb. 38: Josef Poltrum, ca. 1950, Fotograf: unbekannt, Archiv der Gedenkstätte Ebensee

Abb. 39: Jean Laffitte, Datum unbekannt, Fotograf: unbekannt, Archiv der Gedenkstätte Ebensee

denn sie vermuteten im Frühjahr 1945, dass sie entweder kollektiv dem Hungertod oder einem allgemeinen Massaker durch die SS zum Opfer fallen würden. Die Nachrichten über die Vernichtungslager und die Berichte über die massenhaften Hinrichtungen und Grausamkeiten der SS bei den Todesmärschen von Auschwitz und anderen Lagern bestärkten sie in diesem Verdacht. Da aufgrund der Lage der Fronten eine Evakuierung nicht zu befürchten war und die SS die Zeugen ihrer Taten schon bisher systematisch beseitigt hatte, fürchtete das internationale Lagerkomitee, dass die SS in ihrer aussichtslosen Lage versuchen würde, alle Häftlinge auf irgendeine Weise zu liquidieren.

Die Spannung nahm von Woche zu Woche zu. Die SS zeigte eine zunehmende Angst vor den Häftlingen. Das Lager wurde für die SS immer unübersichtlicher – am 23. April erreichte es mit 18.509 Häftlingen den Höchststand. Fast täglich hörten Mitglieder der Widerstandsgruppe ausländische Sender am Radioapparat des deutschen politischen Häftlings Konrad Wegner ab. Dieser bekleidete in den letzten sechs Wochen die Funktion des Lagerältesten und besaß – mit Erlaubnis der SS – als einziger Häftling ein solches Gerät.[276] Ein Aufstand der Häftlinge wurde vom internationalen Lagerkomitee abgelehnt, da ein solcher aussichtslos erschien und die amerikanischen Truppen jeden Tag erwartet wurden.

Die Situation, in der die Häftlinge in den letzten Wochen vor der Befreiung lebten, schildern zwei Tagebucheintragungen von Drahomír Bárta sehr eindringlich:

276 Freund, Arbeitslager Zement, S. 408. Magnus Keller, bis dahin Lagerältester, ließ sich nach Gunskirchen versetzen, da er mit dem Herannahen der Befreiung die Rache der Häftlinge fürchtete.

„17.4.45

Morgens mit Hrvoj baden. Ein sehr schöner Tag. Zugänge aus Melk: 1.419. Zwei 13-jährige Buben. Ein kleiner Tscheche, Hary Lewy aus Barrandov. Bei der Bäckerei wurde einer von ihnen überfallen und umgebracht, da er ein Stück Brot bei sich hatte (6 Menschen auf ein Stück Brot ca. 1.400 g). Im Magazin und in der Desinfektion. Bei Ernst, liegt. Zurück in der Schreibstube, Jan Bandler kam, einige „Runden", auf dem Revier wird die Situation immer schlimmer. Bis zu fünf Kranke in einem Bett. Heute 97 Tote. Auf Block 26 nach den Zugängen schauen. [...]

18.4.45

Viel Verkehr, warten auf weitere Zugänge und vor allem auf das Ende. Vielleicht schon jede Stunde. Auf den Blocks 26 und 25 wurde aus Zugängen ein Kommando gebildet. [*unleserlich*] Nachher auf der Schreibstube, Arbeitseinsatz, die ersten Frühlingsgewitter. [*unleserlich*] Vor dem Appell Exekution von vier Kameraden.

PO 21832 Swat Johann, geb. 22.3.1914 Kiel

ZR 133929 Tschikin Ivan, geb. 24.6.1925 Karolenka

ZR 36639 Grywa Luka, geb. 27.9.1925 Dnjetropetrowsk

ZR 106465 Konowalew Konstantin, geb. 2.8.1927 Charkow

Sie wurden gehängt. Nach dem Appell Zugang aus Amstetten, 1.444. Einer wurde beim Transport auf der Flucht erschossen. Draußen herrscht schon großes Chaos, alles zerschlagen, Straßen verstopft. Mit einigen „Prominenten" aus Amstetten und einem älteren Blockführer mit einer Dogge (sie trauen sich nicht mehr in das Lager) zur Desinfektion. Abends eine Sitzung bis 12 Uhr. Block 18 wurde für neue Zugänge geräumt und auf andere Blocks aufgeteilt, großer Schaden."[277]

Der Vorwand für die Hinrichtungen war die Vermutung, dass sie sich aus Decken Handschuhe angefertigt hatten, was die SS als Sabotage wertete.[278]

3.10 Befreiung

In den letzten Tagen vor der Befreiung änderte sich die Lage. Die Vernichtung war nun nicht mehr die einzige Zukunftsperspektive für die Masse der Häftlinge. Systematisch wurden sie von der illegalen Lagerorganisation über die Lage der Fronten unterrichtet. Diese konnte erstmals offen auftreten und versuchen, den Häftlingen eine Handlungsanleitung zu geben, sie mitreißen und zu einem Verhalten bewegen, das radikal vom jenem abwich, das bis dahin für die persönliche Lebenssicherung notwendig gewesen war. Drahomír Bárta beschreibt die Stimmung allerdings auch als ambivalent:

277 Bárta, Tagebuch, S. 94. Eintragung vom 17. und 18.4.1945.

278 Anklageschrift im Prozess gegen Anton Ganz vor dem Schwurgericht in Memmingen (BRD). Antrag Ganz Z ST Ludwigsburg Z 419 AR-Z 4/64.

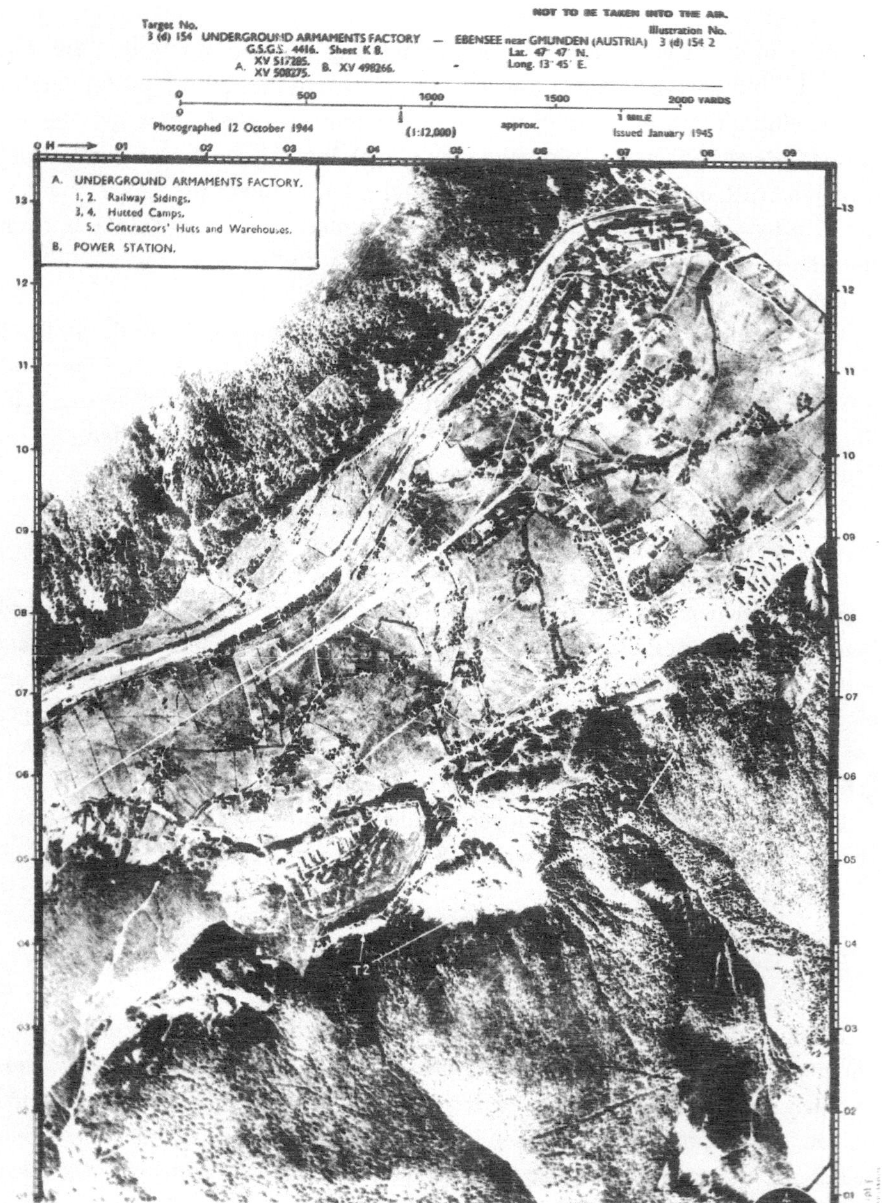

Abb. 40: US Luftbild des KZ Ebensee und Auswertung, 12.10.1944, NARA RG 243, Damage Assesment Folder 3.a. (781) Ebensee.

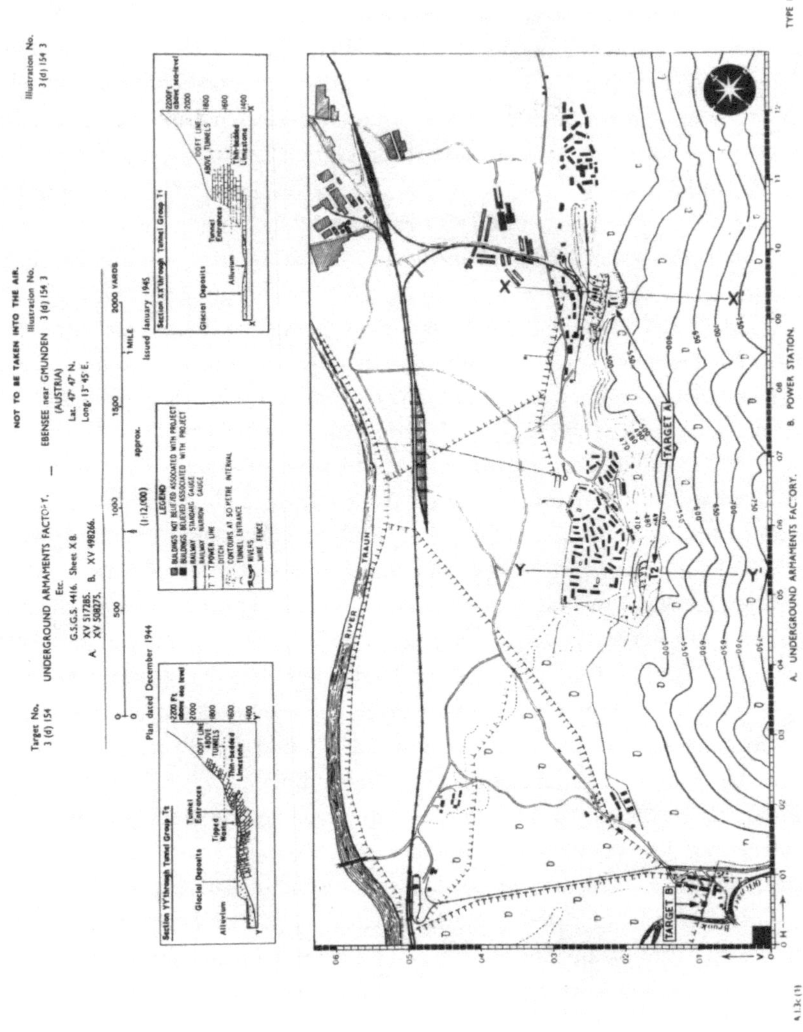

Abb. 41: Auswertung des US Luftbildes des KZ Ebensee und Auswertung, 12.10.1944, NARA RG 243, Damage Assesment Folder 3.a. (781) Ebensee.

„So hatten wir das Gefühl, uns immer mehr einer Mauer zu nähern, die uns vom freien Leben trennte, die aber gleichzeitig in die Höhe wuchs, je näher wir ihr kamen. Denn je mehr das Ende des Krieges heranrückte, umso größer wurden die Gefahren im Lager. Denn sobald die SS zur Überzeugung kam, dass der Krieg für Hitlerdeutschland verloren war, reagierte jeder Teil von ihr unterschiedlich. Die einen verfielen in Apathie und mäßigten ihr Verhalten uns gegenüber, die anderen hingegen wurden noch aggressiver und gefährlicher. [...] Der Bau der unterirdischen Fabriken wurde im Eiltempo weiter vorangetrieben, aber das ganze Unternehmen verlor langsam seinen Sinn, es wurde aus einer gewissen Trägheit daran festgehalten. Noch im Sommer glaubten die Nazis im Lager, sie würden durch den Bau das Reich dem Sieg näher bringen. Als sich diese Hoffnung verflüchtigte, veränderte sich etwas an ihnen, und dies hatte ernste Folgen für uns. Das Leben der Häftlinge verlor in den Augen der SS an Wert, sie wurden als Arbeitskräfte nicht mehr gebraucht, das ganze Wertesystem der SS zerfiel. So sahen die rasenden SS-ler in uns nur noch ihre Feinde. Sie hatten uns in der Hand, wehrlos und greifbar. Sie konnten sich für die gekränkte Eitelkeit des Übermenschen, die das faschistische Regime in ihnen züchtete, an uns rächen. Die Häftlinge waren verkommen, in einem schlechten Zustand und in den Augen der SS-ler minderwertig und Ekel erregend. So konnten sich die SS-ler durch sie wenigstens noch zeitweilig ihrer Überlegenheit versichern, einer Überlegenheit, die sie auf den Kriegsschauplätzen eingebüßt hatten. Mit dieser Entwicklung wurde der Bau wieder zu einem unmittelbaren Werkzeug der Lebensvernichtung, der Vernichtung der Häftlinge, da er selbst seinen Sinn und Zweck immer mehr verlor."[279]

Die SS hatte zunehmend Angst vor den Häftlingen. Die Blockführer und der Lagerführer Ganz betraten das Lager nicht mehr allein. Oft führten sie einen Hund mit sich. Zur Verunsicherung der SS trug auch ein Flugblatt bei, das von den Amerikanern am 23. April 1945 über Ebensee und der Umgebung abgeworfen[280] und von einem Häftling eines Außenkommandos ins Lager geschmuggelt worden war. Darin warnten die Regierungen der USA, der UdSSR und Großbritanniens die Wachmannschaften und Gestapobeamten vor Misshandlungen von Kriegsgefangenen der verbündeten Nationen. Nach vielen Aussagen trug gerade dieses Flugblatt zur Demoralisierung der Wachmannschaften bei.

Die Auflösungserscheinungen zeigten sich auch in übermäßigem Alkoholkonsum und einer Aufweichung der militärischen Rigidität. Der Luftwaffenstabsarzt Dr. Sora, der im KZ Melk die Funktion eines Lagerarztes innegehabt hatte, kam mit den evakuierten Häftlingen im April nach Ebensee. Dort konnte er sich Ende April 1945 erlauben, Befehle des Lagerführers Ganz zu verweigern, ohne dass dies Konsequenzen nach sich gezogen hätte.[281]

Von Seiten der SS-Führung bestand höchstwahrscheinlich der Befehl, beim Herannahen von alliierten Truppen die Stollenanlagen zu sprengen. Ob der von Lagerführer Anton Ganz verfolgte Plan, in den Stollen auch alle Häftlinge zu ermorden, ebenfalls von der SS-Führung ausging, lässt sich heute nicht zweifelsfrei klären.[282]

279 Bárta, Zur Geschichte der illegalen Tätigkeit, S. 132.
280 Bárta, Zur Geschichte der illegalen Tätigkeit, S. 146.
281 Interview des Autors mit Sora, Kas. 1, Seite A, S. 7.
282 Vgl. Florian Freund, Piani delle SS per la Distruzione di Gallerie nel Campo e nei Sottocampi di Maut-

WARNUNG

der Regierungen der Sowjetunion, der Vereinigten Staaten von Amerika und Großbritanniens an alle deutschen Kommandanten, Wachmannschaften und Gestapobeamten

Im Namen aller Vereinten Nationen, die sich im Krieg mit Deutschland befinden, wenden sich die Regierungen der Sowjetunion, der Vereinigten Staaten von Amerika und Großbritanniens hierdurch mit einer feierlichen Warnung an alle Kommandanten und Wachmannschaften, in deren Gewalt sich in Deutschland und in von Deutschland okkupierten Gebieten Kriegsgefangene der Verbündeten befinden, sowie an die Gestapobeamten und alle sonstigen Personen, unabhängig von dem Charakter ihrer Dienststellung und ihrem Rang, in deren Gewalt Kriegsgefangene der Verbündeten übergeben wurden, sei es im Kampfgebiet, auf den Verkehrswegen oder in den rückwärtigen Gebieten. Die drei Regierungen erklären, daß alle diese Personen für Sicherheit und Wohlbefinden aller Kriegsgefangenen der Verbündeten, die sich in ihrer Gewalt befinden, als persönlich haftbar betrachtet werden, und zwar in nicht geringerem Maße als das Oberkommando der Wehrmacht und die zuständigen deutschen Militär-, Kriegsmarine- und Luftwaffenbehörden.

Jede Person, die sich einem beliebigen Kriegsgefangenen der Verbündeten gegenüber schlechte Behandlung zuschulden kommen ließ oder dessen schlechte Behandlung duldete, sei es im Kampfgebiet, auf den Verkehrswegen, im Lager, im Lazarett, im Gefängnis oder an anderem Ort, wird schonungslos verfolgt und bestraft werden.

Die drei Regierungen machen warnend darauf aufmerksam: diese Verantwortung gilt bedingungslos und unter allen Umständen; niemand kann ihr dadurch entgehen, daß er die Verantwortung auf andere Behörden oder Personen schiebt.

Marschall der Sowjetunion
J. STALIN

Präsident der Vereinigten Staaten von Amerika
H. TRUMAN

Premierminister von Großbritannien
W. CHURCHILL

23. April 1945.

Abb. 42: Amerikanisches Flugblatt am 23. April 1945 über Ebensee abgeworfen, Privatarchiv Bárta

Die Vorbereitungen zur Sprengung der Stollen blieben den Häftlingen nicht verborgen. Grundsätzlich waren sie gewohnt, bei einem Luftalarm von der SS bewacht in die Stollen getrieben zu werden. Am späten Nachmittag des 4. Mai 1945 erhielt das internationale Lagerkomitee jedoch die Warnung, dass die Eingänge zu den Stollen vermint seien. Wahrscheinlich kamen diese Informationen von der Widerstandsgruppe um Josef Poltrum. Das internationale Lagerkomitee konnte sich jedoch noch keine Klarheit darüber verschaffen, was die SS nun wirklich beabsichtigte. Erst in der Nacht vom 4. auf den 5. Mai konnte der Plan erkennbar werden, als Lagerführer Ganz in der Schreibstube erschien:

„Spät in der Nacht vom 4. auf den 5. Mai kam unerwartet der Lagerführer Anton Ganz in die Schreibstube. Er war wie verwandelt. Etwas zittrig versuchte er Ruhe vorzutäuschen. Er sagte in einem überraschend milden Ton, den wir von ihm gar nicht kannten, dass wir morgen nicht zur Arbeit ausrücken würden. Das ganze Lager würde auf dem Appellplatz antreten – dies geschah sowieso jeden Tag zweimal,

hausen, in: Vincenti E. (Hg.), Gli Ultimi Giorni dei Lager, Milano 1992, S. 162–168; Stanislav Zamecník, „Kein Häftling darf lebend in die Hände des Feindes fallen." Zur Existenz des Himmler-Befehls vom 14./18. April 1945, in: Dachauer Hefte, Studien und Dokumente zur Geschichte der nationalsozialistischen Konzentrationslager, 1 (1985), S. 219–231.

morgens und abends, zum Zählen der Häftlinge – und dort würden die Häftlinge aufgefordert, sich in die Stollen zu begeben. Seine Einheiten würden sich gegen die vorrückenden amerikanischen und sowjetischen Verbände bis zum letzten Mann verteidigen. Im Verlauf des Kampfes könnte es aber zu Beschießungen und Bombardements kommen, und viele Häftlinge kämen so unnötigerweise ums Leben. In den Stollen seien wir geschützt. Ganz blieb dann noch einige Zeit in der Schreibstube. Freundlich und jovial fragte er uns, welche Berufe wir im Zivil ausüben und wie es unseren Familien ginge. Er sagte uns, dass wir sie nun bald wieder sehen und bald frei sein würden. Wo kam plötzlich diese Sorge um das Leben der Häftlinge her, wenn man bedenkt, wie viele vorher umgebracht wurden? Was war mit Ganz geschehen? Wollte er vielleicht Buße tun für seine Taten, oder seine zukünftigen Richter milde stimmen, die über seine Karriere urteilen würden, die auf tausenden Menschenleben aufgebaut war? Diejenigen, die über die Vorgänge im Lager nicht informiert waren und Ganz nicht kannten, konnten dies denken. Aber die reine Logik widersprach dem allen. Alles wurde noch verdächtiger. Er drohte auch gar nicht. Er sprach nicht mehr davon, dass niemand das Lager lebendig verlassen würde. Dass er uns alle erschießen lassen würde."[283]

Das Verhalten des Lagerführers war in den Augen der Anwesenden völlig unglaubwürdig. Warum sollte jemand, der bis dahin zahlreiche Menschen selbst ermordet hatte, plötzlich mitfühlendes Interesse an den sonst von ihm ausschließlich gedemütigten Häftlingen entwickelt haben? Der Auftritt des Lagerführers passte mit den Informationen über die Verminung der Stollen zusammen. Das internationale Lagerkomitee beschloss nach einigen Beratungen, dass die Häftlinge dazu gebracht werden müssten, sich bereits am Appellplatz zu wehren und sich auf keinen Fall in die Stollen treiben zu lassen. Systematisch wurden alle informiert, die als verlässlich galten.

In dieser Nacht vom 4. zum 5. Mai kam kaum ein Mitglied des Häftlingskomitees zur Ruhe. Die Zuständigkeiten der einzelnen Gruppen wurden festgelegt und die wenigen Waffen, die im Lager vorhanden waren, aufgeteilt. Da Bárta und Macanović mehrere Sprachen beherrschten und im Lager sehr bekannt waren, wurde ihnen die Aufgabe übertragen, möglichst das ganze Lager zu informieren.[284]

„Mir blieben Bilder im Kopf, wie Macanović und ich auf dem schlecht beleuchteten Platz in der Mitte der Baracke standen und zu den Häftlingen in verschiedenen Sprachen redeten. Sie standen herum, saßen auf dem Boden, auf den Bänken oder Pritschen, nur in Unterwäsche, so wie wir sie geweckt hatten. Ein Teil der Häftlinge blieb in ihren Betten, die Erschöpftesten schliefen. Wir erzählten ihnen kurz, worum

283 Bárta, Zur Geschichte der illegalen Tätigkeit, S. 143; die Eintragung im Tagebuch Bártas am 5. 5. 1945 lautet: „In der Nacht Ganz in der Schreibstube, so zwischen 2 und 3 Uhr. Antreten in der Früh, wir sollen in die Stollen gehen." Drahomír Bárta, Tagebuch, S. 96.

284 Bárta, Zur Geschichte der illegalen Tätigkeit, S. 152 f.

es ging und was Ganz vorhatte. Die Übereinstimmung mit dem Standpunkt, dass unter allen Umständen der Gang in die Stollen abgelehnt werden musste, war überraschend spontan. Wie ich bereits geschildert habe, hatten die Menschen Angst vor den Stollen und spürten intuitiv die Gefahr. Außerdem wuchs in den letzten Tagen die Anspannung derartig, dass alle den Zusammenstoß mit der SS als sehr real ansahen. Es war, als ob die Idee eines Aufstandes in den letzten Stunden über dem ganzen Lager in der Luft hing. Hin und wieder, wenn die Leute noch schläfrig waren, mussten wir etwas länger erklären, aber alles verlief glatt und schnell. Wir konnten auch nicht in allen Baracken Versammlungen abhalten, dafür war die Zeit zu knapp."[285]

Toma Petrović erinnert sich, dass er von Hrvoje Macanović aufgeweckt wurde: „Toma, steh auf, der Lagerleiter will uns in den Tunnel hineintreiben und dort vernichten."[286] In seinem Block, erzählt Petrović weiter, ging er daraufhin von einem Bett zum anderen und informierte alle. Der Pole Stobnicki, der von einem Häftlingskomitee nichts wusste, erinnert sich, dass in dieser Nacht Häftlingsfunktionäre durch den Block gegangen seien und alle gewarnt hätten.[287] Ein anderer Pole berichtet, dass auch er vor dem Abmarsch zum Appell gewarnt wurde, dass er nicht in die Stollen gehen sollte. Er konnte sich diesen Hinweis in dem Moment allerdings noch nicht erklären.[288]

Am Morgen des 5. Mai 1945 kam der entscheidende Augenblick. 9.000–10.000 Häftlinge standen wie jeden Tag am Appellplatz, nach Blöcken aufgestellt.[289] Alle anderen Häftlinge, über 6.000. waren zu krank und zumeist nicht mehr gehfähig. Doch an diesem Tag wurde der Stand der Häftlinge nicht mehr gezählt. Stattdessen erschien Lagerführer Anton Ganz in Begleitung von schwer bewaffneten SS-Männern und forderte die Häftlinge auf, in die Stollen zu gehen.

„Ganz' auf Deutsch vorgetragene Aufforderung übersetzte Hrvoje Macanović in mehrere Sprachen. Er stand auf einem Tisch oder Sessel, der von irgendwoher gebracht wurde, damit er besser zu sehen war. [...] Wenn ich mich richtig erinnere, übersetzte er ins Russische, Französische, Italienische, Serbokroatische und Polnische. Jedes Mal nach einer Übersetzung hörte man Rufe in verschiedenen Sprachen, dass wir nicht in die Stollen gehen wollten, es erklangen laute Unmutsäußerungen in verschiedenen Sprachen, vor allem aber das Wort ‚NEIN'. Die Ablehnung war gewaltig, einstimmig, prächtig.

---

285 Ebd.

286 Manuskript Petrovic.

287 Interview des Autors mit Stobnicki, Kas. 1, Seite A, S. 7; vgl. Interview des Autors mit Zuk, Kas. 1, Seite A, S. 8.

288 Wspomnienia z niemiecki obozow koncentracyjnych, Ebensee 1946, S. 51.

289 Hrvoje Macanović, der die Statistik über den Lagerstand für den eigenen Gebrauch weiterführte, berichtet, dass zu diesem Zeitpunkt 15.906 Häftlinge im Lager anwesend waren. Zeugenaussage Hrvoje Macanović, 5.11.1968, Z St Ludwigsburg AZ 419 AR-Z 4/65; Freund, Arbeitslager Zement, S. 417.

Macanović wandte sich an Ganz, sagte etwas zu ihm, anscheinend übersetzte er den Standpunkt der Häftlinge, der eigentlich klar war. Es war ein großer Augenblick, wie wir ihn bis dahin im Lager nicht erlebt hatten. Zum ersten Mal verweigerten die Häftlinge der SS in großer Zahl den Gehorsam. Es war ein Aufstand der Häftlinge, und sie hörten praktisch in diesem Augenblick auf, Häftlinge zu sein. Von den Gesichtern der einzelnen konnte man ablesen, wie ihnen das einheitliche Auftreten Entschlossenheit, Mut und Selbstsicherheit verlieh. Wir wurden von Freude durchströmt, bis jetzt war uns schon mehr gelungen, als wir uns je erhofft hatten."[290]

Wenig später erschienen bewaffnete SS-Männer in der Lagerschreibstube. Sie wollten dafür sorgen, dass möglichst alle Beweise ihrer Verbrechen vernichtet werden. Drahomír Bárta berichtet über den dramatischen Moment:

„Die SS-ler mit ihren MGs besetzten alle Ausgänge der Schreibstube und erteilten uns den Befehl, alle schriftlichen Dokumente in die Säcke zu stopfen. Die mitgebrachten Häftlinge würden sie dann ins Krematorium bringen und dort verbrennen lassen. Die SS wollte die Spuren ihrer Verbrechen vernichten. Wir begannen, die Dokumente langsam bei den Säcken zu sammeln. Mit Gesten, Blicken und leisem Flüstern verständigte ich mich schnell mit dem Franzosen Serge de Moussac, der in den letzten Monaten auf der Schreibstube aushalf. Wir wollten zumindest die Liste der Toten retten. Die Liste war vom Beginn des Lagers an geführt und täglich ergänzt worden. Es wurden die Häftlingsnummer, der Vorname, der Nachname und andere wichtige Daten der verstorbenen Häftlinge angeführt. Es war eine Enthüllung und Dokumentation des SS-Verbrechens in Ebensee. Es war eine spontane und gemeinsame Entscheidung, zum Nachdenken blieb keine Zeit.

Serge de Moussac verdeckte mich vor den Blicken der SS und schob mir die Liste zu. Ich legte sie zusammen und versteckte sie in einem unbeobachteten Augenblick unter meinem Hemd und Mantel zusammen mit einigen anderen kleineren Dokumenten.

Die SS-ler überprüften alle Schubladen und Schränke, damit nichts zurückblieb, und entfernten sich dann mit den Häftlingen, die die Säcke auf einem kleinen Wagen, den sie hinter sich herzogen, zum Krematorium wegführten. Wir atmeten nach diesen Augenblicken höchster Spannung erleichtert auf. Schnell verließ ich die Schreibstube durch den Hinterausgang, ging den ersten Block entlang (die Schreibstube befand sich im ersten Block) und verließ ihn dann schnell. Dort traf ich Miloš Bajić[291] und andere Jugoslawen, die in der illegalen Organisation tätig waren. Ich erzählte ihnen kurz, was gerade geschehen war. Miloš Bajić organisierte dann gemein-

290 Bárta, Zur Geschichte der illegalen Tätigkeit, S. 155; der Hergang der Ereignisse wird von zahlreichen Häftlingen bestätigt.

291 Bajić, Miroslav („Miloš"), geb. 15.1.1915 in Beograd, Maler, jugoslawischer Schutzhäftling, Häftlingsnummer 106621, ab 19.2.1945 im KZ Ebensee.

sam mit Ljubomir Zečević[292] einen ‚Minimax' (einen der Feuerlöscher, die in den Baracken für den Fall eines Feuers hingen), sie entleerten ihn, versteckten die Dokumente in ihm und vergruben ihn in einem der Bunker im Lager."[293]

Fast alle anderen Dokumente wurden im Krematorium verbrannt. In den Nachmittagsstunden des 5. Mai zogen die Wachmannschaften in Richtung Bad Ischl ab. Die Bewachung des Lagers übernahm der lokale Volkssturm. Die Häftlinge befürchteten eine Rückkehr der SS. Nun trat das internationale Lagerkomitee aus dem Untergrund und übernahm schrittweise die Macht im Lager. Die Absetzung des Blockältesten Heinrich Ludwig[294], der zahlreiche Mithäftlinge misshandelt und ermordet hatte, war nicht nur der Auftakt zur Beseitigung der von der SS installierten Lagerhierarchie, sondern löste auch eine spontane Lynchjustiz an den Häftlingsfunktionären und Kapos aus, die mit der SS kollaboriert hatten. „Sie wurden gnadenlos erschlagen mit allem, was die Häftlinge bei der Hand hatten. Es war fürchterlich, unmenschlich und doch gerecht", berichtet Drahomír Bárta, „die elementaren Reaktionen, die wie eine Flut über das Lager schwappten, konnte man nicht aufhalten. Die Beseitigung der kriminellen Elemente, die schnell vor sich ging, schuf eine völlig neue Situation im Lager."[295] Jean Laffitte schätzte später, dass bei dieser Lynchjustiz ca. 52 Lagerfunktionäre getötet wurden.[296]

Nun warteten die Häftlinge gespannt auf die endgültige Befreiung durch die amerikanischen Truppen. Die erste Gruppe amerikanischer Soldaten erreichte um 10.45 Uhr das Lager. Es war die 1st Platoon des „B" Troop der 3rd Cavalry Reconnaissance Squadron (Mechanised) unter dem Kommando von Lieutenant Ross R. Courtright, die am Morgen dieses Tages von Steyr aufgebrochen war und in Traunkirchen den Befehl erhalten hatte, ein Konzentrationslager in der Umgebung von Ebensee ausfindig zu machen.[297] Die Soldaten wurden am Appellplatz stürmisch gefeiert, verließen aber kurz darauf wieder das Lager.

Um 8.45 Uhr des gleichen Morgens hatte die „F" Company unter dem Kommando von Captain Timothy C. Brennan Steyr verlassen. Die Einheit erreichte Ebensee um 12 Uhr und erhielt den Befehl, am Ort zu bleiben. Nachdem sich die Soldaten im Hotel Post eingerichtet hatten, wurde Brennan über die exakte Lage des Konzentrationslagers informiert. Ihm wurde befohlen, das Lager mit zwei Panzern

292 Ljubomir Zečević, geb. 27.9.1925 in Beograd, Häftlingsnummer 38657, Jugoslawischer Schutzhäftling, 5.11.1943 Ankunft in Mauthausen, später KZ Ebensee.

293 Bárta, Zur Geschichte der illegalen Tätigkeit, S 157.

294 Heinrich Ludwig, geb. 26.2.1907 in Elberfeld, deutscher BV, Häftlingsnummer 445, ab 20.11.1943 im KZ Ebensee, gestorben am 5.5.1945.

295 Bárta, Zur Geschichte der illegalen Tätigkeit, S 161.

296 Laffitte, Die Lebenden, S. 351. Vgl. Freund, Arbeitslager Zement, S. 420.

297 Max R. Garcia, The Liberation of KZ Ebensee on Sunday, 6th May 1945, Unveröff. Manu., San Francisco 1998.

Abb. 43: Befreite Häftlinge des KZ Ebensee, 7. Mai 1945, Fotograf: Arnold Samuelson, US Signal Corps, Fotoarchiv der KZ-Gedenkstätte Mauthausen/Collection USHMM

Abb. 44: Befreite Häftlinge des KZ Ebensee am Appellplatz, 7. Mai 1945, Fotograf: Arnold Samuelson, US Signal Corps, Fotoarchiv der KZ-Gedenkstätte Mauthausen/Collection USHMM

und einem Jeep aufzusuchen. Um 14.50 Uhr erreichte die Einheit das Lager und wurde von den Häftlingen enthusiastisch gefeiert.

Drahomír Bárta, der am Vormittag erstmals ohne Bewachung mit anderen in den Ort gegangen war, um Medikamente zu besorgen, hatte die erste Ankunft der Befreier nicht miterlebt. Er notierte in seinem Tagebuch:

„Morgens in der Schusterwerkstatt, dann mit dem LKW mit Hermann [Scheler] und Ernst [Lörcher] nach Ebensee. In der *Weberei* für Medikamente. Zum ersten Mal ohne *Posten* in Ebensee. Berauscht von der Freiheit. Die Stimmung der Bevölkerung. Im *Kartoffelkeller*. Zu Fuß mit Albert[298] ins Lager zurück. Um 14.50 kamen die Amerikaner. Unbeschreibliche Szenen der Freude und Begeisterung. Die Masse stürmt die SS-Baracken. Plündern, Schießen und Sich-Verbrüdern mit der einheimischen Bevölkerung. Wir packen mit Jupp [Josef Poltrum] in der Baracke unsere Sachen. Mit Karel, Lojza, Camille, Vašek, mit Zivilarbeitern, Tschechen. Von der Stadt zurück ins Lager. Überall schießen die Leute herum. Ich suche Karel Vojáček. Die Tschechen auf Block 29 zusammengebracht. Einige sind schon in das Zivillager[299] gegangen. Bei Vinko auf dem Revier, bei Kuno [Konrad Wegner] essen, trinken, Radio. Gegen 12 Uhr nachts großes Feuer auf der Finkerleiten."[300]

Abb. 45: Das Lagertor nach der Befreiung, rechts ein bewaffneter ehemaliger Häftling 22./23. Mai 1945, Fotograf: Bohuslav Bárta, Privatarchiv Bárta, Prag

298 Gemeint ist wahrscheinlich Albert Schockweiler.
299 Gemeint ist ein Lager mit tschechischen Zivilarbeitern.
300 Bárta, Tagebuch, S. 96.

Der Holländer Max R. Garcia, der über die Konzentrationslager Auschwitz, Mauthausen und Melk nach Ebensee gekommen war, berichtete aus seiner Perspektive über die Befreiung:

„Zusammengedrängt am Zaun und gespannt lauschend, hörten wir sie auf der Straße darunter. Ein ungewohntes Rumpeln, das wir nie zuvor gehört hatten. Wir sahen den Staub im Tal aufsteigen. Das rumpelnde, quietschende Geräusch ihrer Aufwärtsfahrt auf unserer Straße wurde immer lauter, je näher sie kamen; dann rumpelten zwei enorme Panzer um die Kurve unserer Straße in Sichtweite, gefolgt von einem kuriosen, kleinen, offenen Fahrzeug. Auf unserer Seite des Zaunes brandeten wir Gefangene zum verschlossenen Haupttor, als die Panzer und das Hilfsfahrzeug langsam unmittelbar außerhalb stehenblieben.

Soldaten in ungewohnten Uniformen spähten mit offener Verwunderung vom Dach des Panzers auf die Masse der abgemagerten, schauderhaften Vogelscheuchen in schmutzigen gestreiften Lumpen, eine stinkende Masse mit, außer einem Streifen in der Mitte, rasierten Köpfen. Die Soldaten starrten uns an, und wir starrten sie an.

Zwei alte Volkswehrmänner standen zitternd und still, aber noch immer auf ihren Posten außerhalb des Tores. Zu alt, um in der deutschen Armee zu dienen, verrichteten sie ihren Dienst als Wachmänner in ihrem Dorf Ebensee. Plötzlich lehnte sich ein Soldat herunter vom nächsten Panzer, riß das Gewehr aus den Händen des Volkswehrmannes auf der rechten Seite des Tores, brach es über dem Turmgeschütz und hing es über das Eingangstor unseres Lagers. Dieses aufregende Krachen klingt noch immer in meiner Erinnerung.

Der Tag war, wie ich später erfuhr, der 6. Mai 1945, ein Sonntag. Es war Mittag.

Die Stille des ersten Schocks unserer Begegnung brach nun, die Tore wurden irgendwie geöffnet, und wir wichen zurück, um die dröhnenden Panzer und ihre kleine Eskorte langsam auf die Mitte unseres öden Appellplatzes rollen zu lassen. Die Häftlinge schwirrten herum, als die Motoren abgeschaltet wurden. Die Soldaten in und auf den Panzern schienen furchtsam zu sein. Es schien, als ob sie nicht zu uns herab kommen wollten. Vielleicht kamen sie frisch von den letzten Kämpfen, aber wir schienen zu viel für sie zu sein. Diese hungrigen Augen. Diese eingesunkenen Gesichter und Körper wie Skelette. Diese stinkenden, minderwertigen Menschen. Wir!

Einige von uns versuchten, auf die Panzer zu klettern, aber sie wurden höflich mit Handgesten zurückgewiesen. Während ich unter der Menge der Häftlinge um die Panzer herum stand, beobachtete ich einen Soldaten, wie er eine Packung Lucky Strikes herausnahm und eine Zigarette anzündete. Nun, das waren amerikanische Zigaretten, ich wußte, daß ich solche Zigaretten in der Vergangenheit schon in Holland gesehen hatte und sogar Werbung in englischsprachigen Zeitungen und Magazinen, die mein Vater mir gebracht hatte, als er darauf bestand, daß ich Englisch lernen sollte. Also waren das Amerikanische Truppen!

‚Es ist eine lange Zeit her, seit ich eine Lucky Strike hatte', schrie ich über den Lärm zu dem Soldaten. Er schaute überrascht herunter und suchte mich heraus. ‚You speak English?' In meiner Kühnheit antwortete ich ‚Ja'. ‚Gut komm hier herauf.' [...]

Der Soldat funkte seinem Hauptquartier, daß unser Lager geöffnet worden ist und daß ein Häftling, der ein bißchen Englisch sprach, gefunden worden ist. Mein Freund, der Soldat, bemerkte ich, war ein Sergeant und offensichtlich kommandierte er die kleine Panzereinheit, die unser Lager befreite. Ich versuchte ihn zu überreden, herunterzukommen und sich umzuschauen. Er fürchtete sich, aber er und ein Soldat wurden schließlich überredet, vom Panzer herunterzukommen und mit mir als Führer zu Fuß einen Rundgang durch das Lager zu machen [...]. Die Häftlinge applaudierten und drängten sich herum, die Soldaten zu berühren und auf die Schultern zu klopfen: ein heiliger Moment für sie, vielleicht ein furchterregender für die Soldaten. Auch mir wurde von meinen Mithäftlingen auf die Schultern geklopft. Ein Moment großer Ehre für mich. [...]

Wir gingen durch die Baracken, die Lagerstraßen, das Hospital, vollgestopft mit Schwerkranken, das Krematorium, das kalt geblieben war seit der Flucht der SS wenige Tage zuvor. Die Amerikaner sahen auf das Meer der ausgezehrten Häftlinge, bemerkten die anklagenden Bedingungen, unter denen sie sich an die Existenz klammerten, und von Zeit zu Zeit, während sie gingen, mußten sie behutsam zwischen abgerissene Körperteile steigen, die auf dem Boden im Lager herumlagen. Diese

Abb. 46: Befreite Häftlinge, 8. Mai 1945, Fotograf: J. Malan Heslop, US Army, Archiv der Gedenkstätte Ebensee/NARA

Kampfveteranen kehrten zu ihrem Panzer zurück, fast krank von dem, was sie gesehen hatten."[301]

Die F Company erhielt die Aufgabe, für die befreiten Häftlinge zu sorgen.[302] Im „After Action Report" der 3. Cavalry Group wird berichtet:

„Die 3. Squadron bewegte sich an diesem Tag um 6 Uhr 5 in die Zone, stieß weiter vor in südlicher Richtung und berichtete von keinem feindlichen Widerstand irgendeiner Art. Hier wiederum erhoben sich Kriegsgefangene in Gruppen und besetzten große Teile des Gebietes. Um ein Uhr erreichte die Vorhut des A-Troops die Stadt Ebensee und berichtete, dass ein Konzentrationslager in dieser Stadt existierte. Weitere Nachforschungen bestätigten, dass das Lager 16.000 verhungernde politische Gefangene beherbergte und dass die Bedingungen im Lager erbärmlich waren. Ca. 300 starben jeden Tag durch Verhungern und vernachlässigte Krankheiten. Sie lebten in Schmutz und Gestank und waren in einem Stadium, in dem ihre eigenen Toten zu essen eine vernünftige Sache war. Das Lager kann leicht mit Buchenwald oder Ordhruf (Ohrdruf) verglichen werden. Sofortige Initiative wurde vom Group Commander unternommen, der das Lager inspizierte und Nahrung und medizinische Versorgung für die unbeschreibliche Szene anforderte. Während Nahrung und Medikamente unterwegs waren, taten die Männer der 3. Squadron, was immer möglich war, um die Situation zu erleichtern. Sie machten Schätzungen der Anzahl der Kranken und Sterbenden und entschieden, was gebraucht werden würde, sie zu

Abb. 47: Amerikanische Panzer in Ebensee, 6. oder 7. Mai in Ebensee, Fotograf: unbekannt, Archiv der Gedenkstätte Ebensee

301 Max R. Garcia (as told to Priscilla Alden Garcia), As long as I remain alive, o.O. 1979, S. 3 ff.
302 Schreiben George Havas an den Autor.

Abb. 48: Mit Kranz gekennzeichneter Ort eines Massengrabes, ca. 22./23. Mai 1945, Fotograf: Bohuslav Bárta, Privatarchiv Bárta, Prag

behandeln, das (sic!) zu ernähren und zu zählen. Die Informationen, die sie zusammentrugen, und die vorbereitende Arbeit, die sie verrichteten, war eine große Hilfe für die endgültige Rehabilitierung der Gefangenen."[303]

In der offiziösen Geschichte der 3rd Cavalry Reconnaissance Squadron wurde vermerkt:

„Am 6. Mai bekam der ‚A' Troop mit einem Platoon der ‚F' Company die Aufgabe, in Richtung der österreichischen Alpen vorzudringen. Ihre Rute führte sie südlich von Gmunden entlang einem schönen, dunkelblauen See, an seinem Ende Ebensee. Am Rande der Stadt, abgeschnitten durch einen reißenden Fluss, fanden sie das Konzentrationslager. Es ist unmöglich, dieses Lager zu beschreiben. Worte alleine können nicht den Gestank von verwesendem menschlichen Fleisch mitteilen, oder von den miserablen Bedingungen der hungrigen lebenden Mumien, die dort festgehalten wurden [...]. Kein Mann der 3rd Cavalry wird dieses Konzentrationslager vergessen."[304]

303 After Aktion Report, 3rd Cavalry Group, Mechanized, 9. August 1944 to May 1945 p 90. Zitiert nach: Garcia, As long as I remain alive, S. 3.

304 The 3rd Cavalry Reconnaissance Squadron (Mecz.) in World War II, 9 August 1944 to 9 May 1945. San Diego 1946(?).

Abb. 49: Befreite Häftlinge des KZ Ebensee bereiten sich vor einer Baracke Essen auf offenem Feuer zu, 8. Mai 1945, Fotograf: Malan Heslop, US Signal Corps, Fotoarchiv der KZ-Gedenkstätte Mauthausen/Collection USHMM

Captain Timothy C. Brennan, der Kommandant jener Einheit, die am 6. Mai 1945 das Außenlager Ebensee als letztes der nationalsozialistischen Konzentrationslager befreite, schrieb wenig später an seine Frau:

„Als ich im Lager ankam, lagen 400 Leichen im Krematorium, um noch verbrannt zu werden, und noch viel mehr Tote in den Baracken, die man nicht eingesammelt hatte. Was die überlebenden Häftlinge betrifft, so waren die meisten von ihnen Tiere. Sie sind so lange wie Tiere behandelt worden, dass sie zu solchen wurden. Sie würden sich um ein Stück Brot raufen wie Hunde und würden ohne weiteres für ein paar Kartoffelschalen töten."[305]

Mit der Befreiung brach im Lager das Chaos aus. Zumindest für einen Tag funktionierte nichts mehr. Wasser und Elektrizitätsversorgung fielen aus, Massen von Häftlingen stürmten Küche und Bäckerei. Viele befreite Häftlinge suchten den Ort Ebensee auf, um dort gleich mit welchen Mitteln Lebensmittel zu beschaffen.

Das ungewohnte Essen hatte für viele der körperlich geschwächten Menschen tödliche Folgen, da normale Nahrung nach der langen Hungerperiode Darmerkrankungen hervorrief. Nur langsam gelang es dem internationalen Lagerkomitee, in Zu-

305 Übersetzung, Kopie Brief Timothy Brennan an seine Frau vom 15.5.1945 im Besitz des Autors. Kopie im Archiv der Gedenkstätte Ebensee.

sammenarbeit mit den amerikanischen Truppen die Ordnung wiederherzustellen. Hunderte im Lager liegende Tote wurden in einem Massengrab bestattet.[306]

Am 8. Mai liefen die Maßnahmen der Amerikaner zur Rettung der Häftlinge voll an. Es trafen das United Nations Relief and Rehabilitation Administration (UNRRA) Team 122 und das 30. amerikanische Feldhospital, später das 139th Evacuation Hospital, in Ebensee ein. Es war eine äußerst große Leistung der beiden mobilen amerikanischen Hospitalverbände, die selbst nur auf eine Kapazität von 800 Patienten eingerichtet waren, von einem Tag auf den anderen tausende Patienten zu versorgen. Bei der Ankunft des 30. Field Hospital am 8. Mai hatte es an allem gefehlt, an Kleidung, Unterkunft, Nahrung, Essgeschirr usw., dennoch gelang es in sehr kurzer Zeit, die Sterblichkeitsrate erheblich zu senken. Bei den systematischen Untersuchungen wurde festgestellt, dass das Durchschnittsgewicht der Häftlinge 34,09 kg betrug.

„Viele waren zu schwach, sich zu bewegen oder nur selbst zu essen, und es war eine häufige Erfahrung, jemanden als tot zu betrachten, um dann bei kritischer Prüfung zu bemerken, dass noch Leben vorhanden war."[307]

Unterstützt wurden die amerikanischen Teams zum Teil vom ehemaligen Häftlingspersonal des Reviers und durch 50 vom Ebenseer Bürgermeister zwangsverpflichtete Frauen, die vor allem für die Reinigung der Baracken zu sorgen hatten.

Abb. 50: Zelte des 139th Field Hospital, ca. 22./23. Mai 1945, Fotograf: Bohuslav Bárta, Privatarchiv Bárta, Prag

Abb. 51: Wanda Nordlie, Krankenschwester beim 139th US Evakuation Hospital, 1945, Foto unbekannt, Archiv der Gedenkstätte Ebensee

306 Freund, Arbeitslager Zement, S. 445.

307 139th Evacuation Hospital, Period Reports, Medical Department Activities, 7.6.1945.

Die befreiten Häftlinge kehrten zum Teil auf eigene Faust, zum größten Teil in organisierten Transporten in ihre Heimatländer zurück. Ca. 1.000 Häftlinge blieben noch längere Zeit in verschiedenen Spitälern der Umgebung in Behandlung. Nach den Angaben der Zeitung „Der KZ Häftling" starben nach der Befreiung noch mindestens 735 Häftlinge, die meisten von ihnen an Körperschwäche. Die Namen von 651 Häftlingen, die zwischen dem 6. Mai und 30. Juni 1945 an den Folgen der Haft verstarben, sind bekannt.[308]

1946 befanden sich noch ca. 1.400 Polen und 350 Juden in Ebensee, die nicht in ihre Heimatländer zurückkehren wollten.

Abb. 52: Elektrischer Zaun des Lagers, Schornstein des Krematoriums, links davon Zelt des amerikanischen Feldhospitals (mit Rotem Kreuz), 22./23. Mai 1945, Fotograf: Bohuslav Bárta, Privatarchiv Bárta, Prag

308 Freund, Die Toten von Ebensee, S. 64 ff., 315 ff.

4 Gerichtsverfahren gegen Straftäter aus dem KZ Ebensee

Für die überlebenden Häftlinge war klar, dass die Verantwortlichen für die in den Konzentrationslagern begangenen Verbrechen bestraft werden sollten. Um die Bestrafung der Täter ging es auch bei den Versuchen, Beweisdokumente zu sichern. So wurden z.B. die Totenbücher von Mauthausen und Ebensee kurz vor der Befreiung unter Lebensgefahr versteckt. Auch die SS-Führer und die Wachmannschaften müssen ein klares Bewusstsein davon gehabt haben, dass sie in Verbrechen involviert waren und sie Bestrafung nach nationalem und internationalem Recht zu befürchten hatten. Dies erklärt die von vielen Häftlingen berichteten Verhaltensänderungen von zuvor gefürchteten SS-Angehörigen, die ab dem Frühjahr 1945 versuchten, sich mit einzelnen Häftlingen gut zu stellen, genauso wie die Reaktion, möglichst viele Zeugen zu ermorden und die Beweise zu beseitigen.[309]

Die Alliierten waren bei Kriegsende relativ unvorbereitet, welche Verbrechen nach welchem Gesetz verfolgt werden sollten. Auch der Aufbau eines justiziellen Ermittlungs- und Verfolgungsapparates war noch nicht beendet.[310] Ende 1943 wurde von den Alliierten die „United Nations War Crimes Commission“ gebildet. Die „War Crimes Branch“ beim „Judge Advocate European Theater of Operations United States Army“ ermittelte ab Dezember 1944 Verbrechen unabhängig von der Nationalität der Opfer.[311]

Um die Ermittlungen mit größerer Effizienz durchführen zu können, richtete die US Army 19 „War Crimes Investigating Teams“ ein. In Mauthausen, Gusen, Steyr ermittelten bereits unmittelbar nach der Befreiung zwei dieser Teams, in Ebensee war das „War Crime Investigating Team 6827“ und zumindest zeitweise auch das „War Crime Investigating Team 6836“.[312]

Die Untersuchungen führten der Investigator-Examiner Major Eugene S. Cohen und Charles B. Deibel von der Third US Army.[313] Sie hatten am 24. Februar 1945 dazu den Befehl von General Patton bekommen. Cohen stellte zwischen dem 6. Mai und

309 Siehe dazu z.B. Maršálek, Mauthausen, S. 325; Freund, Arbeitslager Zement, S. 404 ff.

310 Näheres dazu bei: Robert Sigel, Im Interesse der Gerechtigkeit. Die Dachauer Kriegsverbrecherprozesse 1945–1948, Frankfurt/New York 1992, S. 16 ff.; Frank M. Buscher, The U.S. War Crimes Trial Program in Germany, 1946–1955. New York 1989, S. 7 ff. Bertrand Perz, Prozesse um KZ Mauthausen, in: Ludwig Eiber, Robert Sigel (Hg), Dachauer Prozesse, NS-Verbrechen vor amerikanischen Militärgerichten in Dachau 1945 –1948, Göttingen 2007, 174–191 (Dachauer Symposien zur Zeitgeschichte Bd. 7)

311 Vgl. Sigel, Im Interesse der Gerechtigkeit, S. 15 ff.; Ausführlich bei Buscher, War Crimes Trial Program, S. 49 ff.

312 Florian Freund, Der Dachauer Mauthausenprozeß. In: Dokumentationsarchiv des österreichischen Widerstandes (Hg.), Jahrbuch 2001, Wien 2001, S. 35–67; Freund, Der Mauthausen-Prozeß, S. 99–118.

313 Zur Tätigkeit insbesondere von Cohen siehe: Tomaz Jardim, Die ersten Erhebungen von Nazi-Kriegsverbrechen in Mauthausen: Amerikanische Ermittler und die Befreiung des KZ, in: Bundesministerium für Inneres (Hg.), KZ-Gedenkstätte Mauthausen | Mauthausen Memorial 2008, Wien 2009, S. 38–47.

dem 15. Juni 1945 ein umfangreiches Dossier zusammen, das die Grundlage für die Prozesse gegen Täter aus dem KZ Mauthausen und den Außenlagern vor dem amerikanischen „General Military Gouvernement Court" in Dachau bildeten. Durch weitere Dokumentensammlungen wurde der Informationsstand der US-Behörden im Sommer 1945 ergänzt.[314] Deibel schloss seinen Bericht zum KZ Ebensee Anfang August 1945 ab.[315] Allein der erste Report von Major Eugene S. Cohen enthielt 213 Beweisdokumente, darunter auch eine Reihe von Fotos, die zur Beweissicherung angefertigt wurden.[316] Neben einigen wenigen Listen von SS-Männern und Originaldokumenten der SS sind die Aussagen ehemaliger Häftlinge zentral in diesen Dossiers.

Auch eine Gruppe französischer Offiziere begann schon wenige Tage nach der Befreiung mit Nachforschungen über die im KZ Ebensee begangenen Verbrechen. Tatsächlich befinden sich bei den Unterlagen der Dachauer Mauthausen-Prozesse Protokolle mit den Aussagen überlebender Häftlinge, die aber in der Regel erst nach ihrer Repatriierung im Sommer 1945 in Frankreich verfasst wurden.[317]

Nach internationalem Recht hatten die Besatzungsbehörden zunächst alleinige Gerichtshoheit. Die Verbrechen in den Konzentrationslagern fielen eindeutig in die Kategorie Kriegsverbrechen,[318] für die Ende November 1945 die Verfahrensvorschriften in den „Military Government Regulations" festgelegt wurden. Diese hatten auch für die Mauthausenprozesse Geltung und sahen die Einrichtung von „General Military Government Courts" vor, die aus zumindest fünf amerikanischen Offizieren zu bestehen hatten und deren ranghöchster die Funktion des Vorsitzenden zu übernehmen hatte.[319] Für die Verhängung der Todesstrafe benötigte das Gericht eine Zweidrittelmehrheit, sonst genügte eine einfache Mehrheit.

Das Recht auf Verteidigung wurde dadurch gewahrt, dass die Angeklagten einen beliebigen Verteidiger selbst wählen durften, sofern er nicht vom Gericht ausgeschlossen war. Drohte einem Angeklagten die Todesstrafe, so hatte das Gericht dem

---

314 Die letzten Reports enthalten vor allem Aussagen von zu diesem Zeitpunkt bereits inhaftierten SS-Angehörigen. Report of Investigation of Alleged War Crime, 18.7.1945; Report of Investigation of Alleged War Crime, 5.8.1945 NARA RG 338, USA vs. Altfuldisch et al. Box 344. Beim Report vom 5.8.1945 war John P. Ilsley federführend.

315 Report of Investigation of Alleged War Crimes, 2.8.1945, NARA RG 338, USA vs. Altfuldisch et al. Box 341

316 Die Fotografen waren Angehörige des Signal Corps der 166th Signal Photo Company, die Division Public Relations Photographer Basil A. Jackson und Hayden Estey, 11th Armored Division und Thomas L. Ward, ein Angehöriger der Company „F", 3rd Cavalry Reconaisance Squadron. Certificate, Eugene S. Cohen, Exhibit No. 61; Certificate Thomas L. Ward, Exhibit No 62 of the Report of Investigation of Alleged War Crime, 17.6.1945, NARA RG 88, USA vs. Altfuldisch et al. Box 344. Affidavit Basil A. Jackson, NARA RG 88, USA vs. Altfuldisch et al. Box 344.

317 Diese Protokolle von Zeugenaussagen wurden durch das Ministere de la Justice, Service de Recherche des Crimes di Guerre Ennemies et Mémorial de L' Oppression an die amerikanischen Behörden übermittelt.

318 Holger Lessing, Der erste Dachauer Prozeß (1945/46). Baden-Baden 1993, S. 53 ff.

319 Lessing, Der erste Dachauer Prozeß, S 67 f.

Angeklagten, so er nicht durch einen eigenen Verteidiger vertreten war, einen Offizier der Allied Forces als Verteidiger beizustellen.[320]

Die Verbrechen wurden als Verletzung des internationalen Rechtes angeklagt und der Vorwurf des „Common Design“, also des gemeinsamen Unternehmens erhoben.[321] Die Aufteilung in ein Hauptverfahren und sich auf dieses stützende Nachfolgeprozesse sollte es möglich machen, gegen hunderte Verdächtige vorzugehen. Als Musterprozess für eine juridisch korrekte Vorgehensweise für die nachfolgenden Prozesse zu den Massenverbrechen in den Konzentrationslagern begann bereits Mitte November 1945 der Prozess „USA vs. Weiss et. al.“ gegen Täter des KZ Dachau. Die Feststellungen des jeweiligen Hauptverfahrens sollten als Beweismittel für die jeweils nachfolgenden Verfahren dienen.[322]

Auch im Falle der Prozesse gegen Täter des KZ Mauthausen musste daher zuerst ein Musterprozess geführt werden – der „Parent Mauthausen Concentration Camp Case“, auch als „US vs. Altfuldisch et al“ bezeichnet, um dann die weiteren Prozesse zu Verbrechen im KZ Mauthausen/Gusen und den Außenlagern von diesem ableiten zu können.

Die amerikanische Anklagebehörde versuchte, Verdächtige jeder Befehlsebene und möglichst aus allen bis dahin bekannten Außenlagern anzuklagen, um damit ein möglichst komplettes Bild von den Vorgängen im Lagersystem Mauthausen/Gusen

Abb. 53: Angeklagte des Mauthausen Main Camp Case vor Gericht in Dachau, 1946, Fotograph: Francisco Boix, Fotoarchiv der KZ-Gedenkstätte Mauthausen

320 Lessing, Der erste Dachauer Prozeß, S. 70; Sigel, Im Interesse der Gerechtigkeit, S. 35.
321 Sigel, Im Interesse der Gerechtigkeit, S. 29
322 Ebd.

zu bekommen. Die Anklage („Charge“) lautete einheitlich für alle Angeklagten auf „Violation of the Laws and Usages of War“. Ebenfalls einheitlich für alle Angeklagten waren die dazu aufgeführten Einzelheiten („Particulars“).[323] Der Vorwurf, an Verbrechen „in pursuance of a common design“, also „in Verfolgung eines gemeinschaftlichen Vorhabens“ teilgenommen zu haben, sollte es möglich machen, Verbrechen auch dann abzuurteilen, wo es aus der Natur der Verbrechen kaum möglich war, einzelnen Angeklagten im Detail einzelne Verbrechen nachzuweisen. Die Zeugen und sonstigen Beweise waren ja Großteils durch die Verdächtigen selbst beseitigt worden. Durch die Konstruktion des „common design“ wollte die Anklage jedoch deutlich machen, dass „nicht nur in den einzelnen Untaten einzelner KZ-Schergen verbrecherisches Handeln zu sehen sei, sondern die Einrichtung, das System der Konzentrationslager selbst verbrecherisch war.“[324] Der Begriff „Common Design“ definiert sich „als Übereinstimmung von zwei oder mehr Personen in der Begehung einer unrechtmäßigen Tat“[325] und meint nicht die Verschwörung zur Tat („Conspiracy“).

Durch die im „Parent Mauthausen Concentration Camp Case“ vorgelegten 154 Beweisdokumente und durch 200 Zeugenaussagen (inklusive der Aussagen der Angeklagten) gelang es der Anklage eindrucksvoll, ein klares Bild des mörderischen Systems im KZ Mauthausen-Gusen zu zeichnen. Durch die Konstruktion des „Common Design“ konnten in einem Verfahren Personen der verschiedensten Hierarchieebenen des KZ Mauthausen angeklagt werden, auch eher tatferne Personen wie der prominenteste Angeklagte, der ehemalige Gauleiter von Oberdonau, August Eigruber.[326]

Die Anklage musste den Nachweis führen, dass hier ein System herrschte, das eine Verletzung der Gesetze und Gebräuche des Krieges („Laws and Usages of War“) bedeutete, und die Häftlinge wie in den „Particulars“ beschrieben behandelt wurden. Außerdem musste sie beweisen, dass sich jeder der Angeklagten über dieses System im klaren war, und dass „er an seinem Platz der Verwaltung, der Organisation des Lagers durch sein Verhalten, seine Tätigkeit, das Funktionieren dieses System unterstützte, an diesem Funktionieren teilhatte“.[327] Hatte ein Angeklagter in diesem Sinne am Verbrechen teilgenommen, so war er schuldig, wobei das Strafaus-

323 Freund, Mauthausen-Prozeß, S. 108 ff.

324 Sigel, Im Interesse der Gerechtigkeit, S. 42.

325 Sigel, Im Interesse der Gerechtigkeit, S. 43.

326 August Eigruber war zwar nicht direkt in die Befehlskette des KZ Mauthausen eingebunden, doch wurde er von Zeugen für die Kürzung der Rationen für kranke Häftlinge im Herbst 1944 verantwortlich gemacht. Für solche Angelegenheiten war er zuständig in seiner Funktion als Gauleiter und gleichzeitiger Leiter des Ernährungsamtes in Oberdonau. Eine Reihe von Zeugen sagte aus, dass er Exekutionen anordnete, ihnen beiwohnte und sich eigens Exekutionen auf einem neu konstruierten Klappgalgen vorführen ließ. Damit beschrieben die Zeugen Eigruber als einen typischen Befehlstäter, der, wie er auch selbst zugab, Mauthausen zehn bis 15 Mal besucht hatte, sich aber dort die Hände selbst nicht „schmutzig“ gemacht hatte. Review and Recommendation S. 18–78 und Trial Records. Freund/Perz, Konzentrationslager in Oberösterreich, S. 193 ff.

327 Sigel, Im Interesse der Gerechtigkeit, S. 44. Lessing, Der erste Dachauer Prozeß, S. 103 ff.

Abb. 54: Eigruber beim Verhör vor dem US Militärgericht in Dachau, in der Mitte der US Ankläger William Denson, 29. März bis 13. Mai 1946, Fotograf: unbekannt, Fotoarchiv der KZ-Gedenkstätte Mauthausen

Abb. 55: Angeklagte des Mauthausen Main Camp Case in Dachau auf dem Weg zur Verhandlung, 1946, Fotograf: Francisco Boix, Fotoarchiv der KZ-Gedenkstätte Mauthausen

maß dann von der Art und Intensität seiner Teilnahme abhing. Diese Konstruktion der Anklage war in der amerikanische Rechtsprechung einmalig und diente dem Interesse, in einer Übergangsperiode vom Krieg zum Frieden keinesfalls die Kriegsverbrecher ungestraft davonkommen zu lassen. Dafür wurden verkürzte Verfahren bewusst in Kauf genommen.[328]

Zeitlich war die Anklage auf die Zeit vom Kriegseintritt der USA im Jänner 1942 bis 5. Mai 1945 beschränkt.[329] Die Nationalität der Opfer hatte insofern Bedeutung, als Verbrechen gegen Deutsche nicht berücksichtigt wurden, da sie nicht als Kriegsverbrechen zu werten waren.[330]

Im „Parent Mauthausen Concentration Camp Case“ und 61 Folgeverfahren wurden insgesamt 299 Personen in Zusammenhang mit Verbrechen in Mauthausen und Außenlagern angeklagt. In allen späteren juristischen Verfahren zu Mauthausen wurden nie mehr auch nur annähernd so viele Personen angeklagt wie in den Dachauer Mauthausenprozessen. Diese stellen somit – gemessen an der Zahl der Anklagen und Verurteilungen – das bei weitem größte Unternehmen zur juristischen Aufarbeitung dieses Verbrechenskomplexes dar.

In den 1946 und 1947 durchgeführten Prozessen wurden 21 Personen freigesprochen, 46 erhielten eine Gefängnisstrafe von bis zu fünf Jahren, 33 zwischen 6 und 10 Jahren, 26 zwischen 11 und 20 Jahren, 57 zwischen 21 Jahren und lebenslänglich, 116 wurden zum Tode verurteilt.[331] Wie die vielfältigen Überprüfungsmechanismen der amerikanischen Militärverwaltung belegen, waren die Prozesse fair und ohne Verletzung der Rechte der Angeklagten vonstatten gegangen. Die Reviewbehörde empfahl die Abmilderung einer Reihe von Urteilen. Der Oberkommandierende der amerikanischen Streitkräfte, General Clay, ging über diese Empfehlung hinaus und wandelte zusätzlich für einige Angeklagte die Todesstrafe in lebenslängliches Gefängnis um. So wurden z.B. von den 58 zu Tode Verurteilten des „Parent Mauthausen Concentration Camp Case“ neun zu lebenslänglichem Gefängnis begnadigt.[332] Für die zu Freiheitsstrafen Verurteilten setzte 1947/48 eine regelrechte Kampagne zur Freilassung ein, die vor dem Hintergrund des beginnenden Kalten Krieges ihre Wirkung nicht verfehlten.[333] Zwischen März 1950 und November 1951 wurden fast alle Verurteilten auf Bewährung aus dem Kriegsverbrechergefängnis Landsberg entlassen.

Beim Mauthausen Main camp Case „USA vs. Altfuldisch et al.“ wurde auch über Verbrechen im KZ Ebensee verhandelt.

328 Tomaz Jardim, The Mauthausen Trial. American Military Justice in Germany, Harvard 2012.
329 Sigel, Im Interesse der Gerechtigkeit, S. 46 ff; Lessing, Der erste Dachauer Prozeß, S. 86.
330 Sigel, Im Interesse der Gerechtigkeit, S. 30.
331 Zahlen zusammengestellt nach den Reviews and Recommendations aller amerikanischen Militärgerichtsprozesse in Dachau.
332 Freund, Dachauer Mauthausenprozess, S. 64.
333 Siehe dazu z.B.: Buscher, War Crimes Trial Program, S. 91 ff.

Name	Angeklager Nr.	Tatort	Alter	Urteil	Hinrichtung
Cserny Michael	6	Ebensee	22	Life	
Fitschok Heinrich	14	Gusen, Wiener Neudorf, Ebensee	21	Death by hanging	27.5.1947
Kreindl Gustav	28	Ebensee	42	Death by hanging	27.5.1947
Klimowitsch Kasper	30	Gusen I, Wiener-Neudorf, Ebensee, Gusen II	32	Death by hanging	28.5.1947
Mayer Josef	39	Wiener Neudorf, Ebensee	21	Life	
Pribill Hermann	47	Ebensee	42	Death by hanging	28.5.1947
Priebel Theophil	48	Ebensee, Mauthausen (Wiener Graben)	40	Death by hanging	27.5.1947
Jobst Willi	56	Ebensee	33	Death by hanging	28.5.1947

Tabelle 9: Angeklagte mit direktem Bezug zu Verbrechen im KZ Ebensee

Bei diesem Verfahren wurden zwei Wachposten zu lebenslangem Gefängnis verurteilt, sechs weitere Ebenseer SS-Angehörige zum Tode, unter ihnen der Sanitätsdienstgrad Gustav Kreindl, der SS-Lagerarzt Willi Jobst und der Arbeitsdienstführer Hermann Pribyll.

Ebenfalls in Dachau wurde 1947 der „Ebensee Outcamp case" verhandelt, nach dem ersten Angeklagten als „US vs. Geiger et al" bezeichnet. Die von der Anklage bewiesenen Verbrechen waren nicht weniger schwerwiegend als im ersten Prozess, die Urteile bereits wesentlich milder.

	Alter	Funktion	Urteil	Tatort
Hans Joachim Georg Geiger	34	Lagerarzt	20 Jahre	Ebensee
Max Kramer	27	Blockführer	20 Jahre	Ebensee
Lothar Kobilke	45	Wachmann	15 Jahre	Wiener Neudorf, Ebensee
Paul Binzenbach	55	SS-Unterscharführer	3 Jahre	Melk, Ebensee
Emil Euler	63	SS-Obersturmführer	10 Jahre	Ebensee
Stefan Kraus			Freispruch	
Mathaeus Meier	44	Kapo	20 Jahre	Wels, Ebensee
Paul Deistler	42	Wachmann	3 Jahre	Ebensee
Max Grutzi	42	Wachmann	10 Jahre	Ebensee
Otto Schiffter			Freispruch	
Albert Wiener	29	Wachmann	3 Jahre	Gusen, Großraming, Wiener Neudorf, Ebensee

Tabelle 7: Angeklagte beim Prozess US vs. Geiger et al.

Von den 11 Angeklagten wurden zwei freigesprochen, die anderen erhielten eine Freiheitsstrafe von zwischen drei und 20 Jahren, unter den Verurteilten der Blockführer Emil Euler, der Arzt Hans Joachim Geiger, Lothar Kobilke und Max Kramer. Außer Emil Euler waren 1957 alle wieder auf freiem Fuße. Euler wurde an Polen ausgeliefert und dort wegen anderer Verbrechen zum Tode verurteilt und 1950 exekutiert. In einer Reihe von weiteren Verfahren vor dem amerikanischen Militärgericht in Dachau kamen in Ebensee begangene Verbrechen zur Sprache.

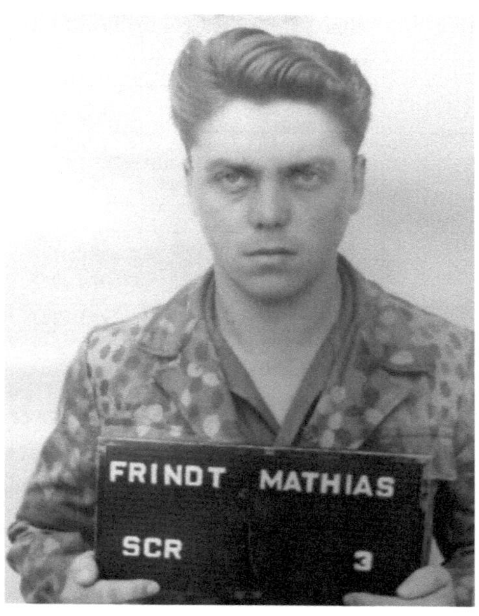

Abb. 56: Mathias Frindt auf einem erkennungsdienstlichen Foto des US-Militärgerichts in Dachau, kein Datum (1945/46), NARA, RG 549, US Army Europe, Cases tried, Case 000-50-5-9, Box, 373

Im Verfahren „US vs Josef Lukan et al." wurde gegen Josef Lukan und Mathias Frindt im August 1947 Anklage wegen Verbrechen im KZ Ebensee erhoben. Josef Lukan war als SS-Hauptscharführer in den Konzentrationslagern Steyr, Großraming, Wiener Neudorf und Ebensee tätig gewesen. Als Kommandoführer hatte er zahlreiche Häftlinge schwer misshandelt, was nach Zeugenaussagen einige Male den Tod der Häftlinge zur Folge hatte. Er wurde zu 20 Jahren Haft verurteilt.[334] Der zweite Angeklagte in diesem Verfahren, Mathias Frindt, diente zuerst als Wachmann im Steinbruch Wiener Graben im KZ Mauthausen und ab November 1943 in Ebensee. Ab Mai 1944 avancierte er zum Blockführer im KZ Ebensee und beging als solcher zahllose Grausamkeiten und Morde. Er wurde zum Tode verurteilt und am 29. Oktober 1948 hingerichtet.[335]

Ein weiterer Prozess fand zwischen dem 10. und 17. September 1947 in Dachau statt. Im Verfahren „US vs. Heinrich Schmitz et al" wurden 3 Angehörige der Bewachungsmannschaft des KZ Ebensee angeklagt.[336]

334 NARA, RG 549, US Army Europe, Cases tried, Case 000-50-5-9, Box, 373. Deputy Judge Advocat's Office, United States vs. Josef Lukan et al, Review and Recommendations.

335 Ausführlich dazu: Nina Höllinger, Mathias Frindt „ein junger Mann, der die Befehle seiner Vorgesetzten immer zur vollen Zufriedenheit ausführte". In: betrifft widerstand 111, Dezember 2013, S. 4–12.

336 NARA, RG 549, US Army Europe, Cases tried, Case 000-50-5-33, Box, 416; Deputy Judge Advacate's Office, US vs. Heinrich Schmitz et al., Review and recommendations. Ausführlich zu Schilling: Nina Höllinger, Andreas Schilling, S. 4–11.

	Alter	Funktion	Urteil	Tatorte
Heinrich Schmitz	56	SS-Unterscharführer	5 Jahre	Mauthausen, Bretstein, Wiener Neustadt, Ebensee
Emil Glöckner	52	Wachmann	10 Jahre	Mauthausen, Wiener Neustadt, Ebensee
Andreas Schilling	37	Blockführer, Rapportführer, Sanitätsdienstgrad	Death by hanging	Mauthausen, Ebensee

Tabelle 11: Angeklagte beim Prozess „US vs. Schmitz et al."

Heinrich Schmitz wurden von den Zeugen beschuldigt, als Kommandoführer zahlreiche Häftlinge bei der Zwangsarbeit aufs Schwerste misshandelt zu haben, wobei eine Reihe von ihnen an den Folgen starben. Emil Glöckner wurden ebenfalls schwere Misshandlungen als Kommandoführer vorgeworfen und „Erschießungen auf der Flucht". Andreas Schilling konnten die Ankläger zahlreiche Gewaltexzesse, Morde und sonstige Verbrechen nachweisen, insbesondere den für viele tödlichen Umgang mit den Häftlingen des Großtransportes aus Groß-Rosen. Er wurde am 17. September 1947 zum „Tod durch den Strang" verurteilt. Doch Ende 1947 machte sich schon die durch den Kalten Krieg geänderte Politik bemerkbar. Die „War Crimes Group" kam noch im März 1948 in ihrer Überprüfung des Prozesses, den „Review and Recommendations", zu dem Schluss, dass das Urteil fair und angemessen sei und daher bestätigt werden sollte. Aufgrund einer abermaligen Überprüfung wurde im Juni 1948 der Schuldspruch bestätigt, das Strafmaß jedoch auf lebenslange Haft heruntergesetzt. Da der politische Druck der deutschen wie auch der österreichischen Öffentlichkeit zur Beendigung der Kriegsverbrecherprozesse und zur Frei-

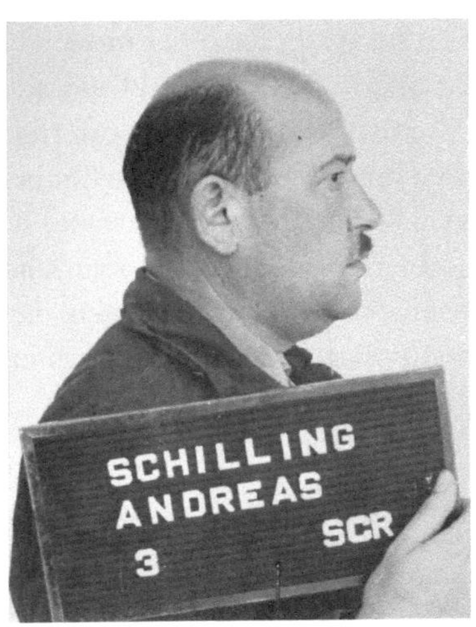

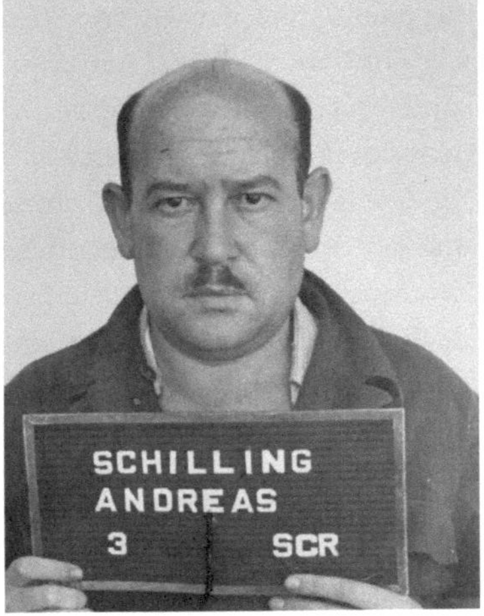

Abb. 57: Andreas Schilling auf einem Foto des US-Militärgerichts in Dachau, ca. 1946/47, NARA, RG 549, US Army Europe, Cases tried, Box 416, „US vs. Heinrich Schmitz et al. – Case 000-50-5-33

lassung der Verurteilten immer größer wurde, eröffneten die US-Behörden den Verurteilten die Möglichkeit, um Strafnachlass anzusuchen. Diese Möglichkeit ergriff Schilling immer wieder, bis er am 6. Mai 1957 auf Bewährung entlassen wurde.[337]

Vom 22. bis 24. Oktober 1947 wurde in einem Einzelverfahren der ehemalige AZR-Häftling Anton Klein angeklagt.[338] Er war Kapo des Entladungskommandos am Bahnhof in Ebensee und danach Blockältester gewesen. Er wurde beschuldigt, als Blockältester einen Häftling erhängt zu haben und andere Häftlinge gewaltsam in den elektrischen Zaun getrieben zu haben. Andere soll er mit einem Stock misshandelt und erschlagen oder zu Tode getreten haben. Das Gericht befand ihn schuldig und verurteilte ihn zum Tode. Am 5. November 1948 wurde er hingerichtet.

Der letzte Prozess gegen Täter aus dem KZ Ebensee vor dem amerikanischen Militärgericht in Dachau fand am 27. Oktober 1947 statt. Das amerikanische Militärgericht in Dachau verurteilte Hans Gönnermann zu fünf Jahren Haft. Er war ein als kriminell kategorisierter Häftling gewesen und wurde beschuldigt, als Kapo beim Stollenbau in Ebensee zahlreiche Häftlinge misshandelt zu haben.[339]

Die französische Besatzungsmacht eröffnete in Innsbruck ein Verfahren gegen einen ehemaligen SS-Wachposten der Lager Mauthausen, Melk und Ebensee wegen Misshandlungen von Häftlingen, der am 13. Oktober 1948 zu zwei Jahren Haft verurteilt wurde.[340] Der Blockführer Hans Bühner wurde von einem französischen Gericht zum Tode verurteilt und Anfang der 1950er-Jahre hingerichtet.

Nicht bekannt ist, welche sonstigen Verfahren von Briten und Franzosen in den deutschen Besatzungszonen zu Mauthausen durchgeführt wurden.

Die wesentlich unterschiedlichen Herangehensweisen der amerikanischen Militärgerichte und der österreichischen (und später auch der ordentlichen deutschen Gerichtsbarkeit) bewirkten, dass nach amerikanischem Recht alle, auch tatferne Personen zur Verantwortung gezogen werden konnten, nach österreichischem bzw. deutschem Recht jedoch nur jene, die unmittelbar selbst eine Tat begangen hatten. Einerseits war es dadurch schwieriger, Verfahren gegen Täter der KZ Mauthausen und der Außenlager durchzuführen, andererseits fehlte der politische Wille dazu.[341] Zwar wurden in Österreich außerordentliche Gerichte geschaffen, die Volksgerichte, doch die Verbrechen in den Konzentrationslagern blieben dabei unterbelichtet.

337 Höllinger, Andreas Schilling, S. 10.

338 Deputy Judge Advacate's Office, US vs. Anton Klein, Review and recommendations.

339 Deputy Judge Advacate's Office, US vs. Horst Gönnemann et al., Review and recommendations. Die übrigen in der Anklage genannten Personen wurden nicht angeklagt.

340 Katharina Stourzh, Aspekte des französischen Justizwesens in Tirol und Vorarlberg 1947–1950 unter besonderer Berücksichtigung der Kriegsverbrecherfrage, Univ. Dipl.-Arb., Wien 1998, S. 142 ff.

341 Vgl. Winfried R. Garscha, Entnazifizierung und gerichtliche Ahndung von NS-Verbrechen, in: Emmerich Tálos/Ernst Hanisch/Wolfgang Neugebauer/Reinhard Sieder (Hg.), NS-Herrschaft in Österreich. Ein Handbuch, Wien 2000, 852–883; Hellmut Butterweck, Verurteilt und begnadigt – Österreich und seine NS-Straftäter, Wien 2003.

Die meisten Verfahren wurden zwischen 1946 und 1948 geführt, danach nahm ihre Zahl sehr rasch ab, was nicht nur für Anklagen rund um Mauthausen, sondern für die gesamte Entwicklung der Volksgerichtsbarkeit in Österreich gilt.[342] Bis 1955 wurden nach einer Zusammenstellung von Peter Eigelsberger im Rahmen der Volksgerichtsbarkeit – ohne Berücksichtigung von Verbrechen auf Todesmärschen ungarischer Juden bzw. Evakuierungstransporten in das KZ Mauthausen – insgesamt 41 Personen wegen Tötungsverbrechen im Zusammenhang mit dem KZ Mauthausen abgeurteilt. Nur vier dieser Verfahren betrafen Verbrechen, die im KZ Ebensee verübt wurden.[343] Leider sind die Akten dieser Prozesse bisher noch nicht ausgewertet; nach Angabe von Eigelsberger befand sich darunter ein Zivilist, der zu 11 Jahren Haft verurteilt wurde, weil er einen aus dem KZ Ebensee geflüchteten Häftling erschossen hatte.[344]

Nach Abschaffung der Volksgerichte 1955 wurde die ordentliche Gerichtsbarkeit wieder für die Aburteilung von KZ-Verbrechen zuständig. Lediglich ein einziges Verfahren wurde wegen Verbrechen im KZ Ebensee durchgeführt, das gleichzeitig zu einem großen Skandal führte. Der Blockführer Johann Vinzenz Gogl, der zahlreiche schlimmste Verbrechen in Mauthausen und Ebensee begangen hatte, wurde 1972 in Linz trotz des Vorliegens von überwältigenden Beweisen von den Geschworenen freigesprochen. Durch Beschluss des Obersten Gerichtshofes wurde das Urteil aufgehoben und an das Geschworenengericht am Landesgericht für Strafsachen Wien zur neuerlichen Verhandlung verwiesen. Mit Urteil des Landesgerichts Wien vom 2. Dezember 1975 wurde Gogl abermals freigesprochen.[345]

Nach dem heutigen Stand der Datenbanken zu Urteilen von BRD- und DDR-Gerichten gegen NS-Täter gab es nur ein einziges Verfahren gegen einen Täter aus dem KZ Ebensee.[346] Dieser Prozess gegen den Lagerführer Anton Ganz fand erst 1972 statt. Er wurde wegen Mordes in 13 Fällen und versuchten Mordes in 15.000 Fällen angeklagt. Ganz bestritt alle Vorwürfe. Über das Urteil berichtete die Süddeutsche Zeitung am 17. November 1972 mit der Überschrift „Lebenslänglich für KZ-Kommandanten“:

„Memmingen (dpa) – Zu einer lebenslangen Freiheitsstrafe verurteilte das Schwurgericht Memmingen den 73 Jahre alten Rentner Anton Ganz aus Boos bei

342 Peter Eigelsberger, „Mauthausen vor Gericht“. Die österreichischen Prozesse wegen Tötungsdelikten im KZ Mauthausen und seinen Außenlagern, in: Thomas Albrich/Winfried Garscha/Martin Polaschek (Hg.), Holocaust und Kriegsverbrechen vor Gericht – Der Fall Österreich, Innsbruck 2006, S. 198–228.

343 Eigelsberger, Mauthausen vor Gericht, 199 ff.

344 Ebd. S. 201.

345 Ebd. S. 219 ff. Vgl. zum Gogl-Prozess auch: Gregor Holzinger: Das letzte Urteil. Die beiden Prozesse gegen Johann Vinzenz Gogl. In: Bundesministerium für Inneres/Andreas Kranebitter (Hg.), KZ-Gedenkstätten und die neuen Gesichter des Rechtsextremismus. Jahrbuch 2014 der KZ-Gedenkstätte Mauthausen | Mauthausen Memorial. Forschung – Dokumentation – Information (Wien 2015), S. 73–105.

346 Justiz und NS-Verbrechen: http://www1.jur.uva.nl/junsv/ (21.4.2016)

Memmingen. Nach rund vierwöchiger Beweisaufnahme kam das Gericht zu der Feststellung, daß der Angeklagte als Kommandant des Konzentrationslagers Ebensee im Salzkammergut den Tod durch Erhängen von fünf Häftlingen aus niedrigen Beweggründen angeordnet und zwei andere Häftlinge grausam zu Tode getrampelt hat, weil sie angeblich Sabotageakte unternommen hatten.

Als Totschlag wertete das Gericht die gleichgültige Handlungsweise des Angeklagten, der nach dem Eintreffen eines größeren Häftlingstransportes aus einem anderen Lager die Gefangenen nur notdürftig bekleidet und körperlich geschwächt bei bitterer Kälte eine Nacht im Freien stehen ließ. Als Folge dieser Behandlung starben mehrere Häftlinge, mindestens aber zwei.

Dagegen kam das Gericht zur Überzeugung, daß der Angeklagte vom Mord an zwei weiteren Häftlingen freizusprechen ist, weil diese Taten nicht mit letzter Sicherheit nachzuweisen waren. Obwohl das Gericht erhebliche Verdachtsmomente äußerte, sprach es den Angeklagten auch vom Vorwurf des Mordversuches an über 15.000 Häftlingen frei, die bei Kriegsende in einem Stollen in die Luft gesprengt werden sollten, wie die Anklage behauptet hatte."[347]

Ein Jahr nach dem Urteil starb Ganz in Haft.

347 Süddeutsche Zeitung, 17.11.1972.

5 KZ-Gedenkstätte Ebensee

Einer der wesentlichen Unterschiede zu anderen Standorten von Außenlagern des KZ Mauthausen ist die Tatsache, dass sich in Ebensee eine eigenständige Gedenkkultur entwickeln konnte.[348]

Bei der Befreiung des Lagers fanden die amerikanischen Truppen hunderte Tote vor. Um diese würdig zu beerdigen wurde ein Friedhof ca. 2 km außerhalb des Lagergeländes im Ebenseer Ortsteil Steinkogl errichtet. Dort wurden auch weitere hunderte nach der Befreiung verstorbene Häftlinge begraben.[349] Dieser Friedhof befand sich unmittelbar neben der damaligen Ischler-Straße und wurde im Juni 1946 eingeweiht und mit einem monumentalen Denkmal versehen, das die Aufschrift „Zur ewigen Schmach des deutschen Volkes“ trug.

Nach der Repatriierung der überlebenden Häftlinge diente das Lagergelände des KZ Ebensee zunächst als US-Internierungslager für deutsche und österreichische SS-Angehörige und danach als Lager für „displaced persons“. Das gab Anlass zu permanenten Konflikten zwischen der Gemeinde und den DPs, vor allem über Versorgungsfragen. Die Gemeindevertreter wollten das, wie sie meinten, „Ausländer- und

Abb. 58: Friedhof an der Ischler-Straße, ca. 1948, Fotograf: Hilda Lepetit, Fotoarchiv der KZ-Gedenkstätte Mauthausen/Sammlung AZME/Archiv der Gedenkstätte Ebensee

348 Grundlegend zur Gedenkkultur: Bertrand Perz, Die KZ-Gedenkstätte Mauthausen 1945 bis zur Gegenwart. Innsbruck/Wien/Bozen 2006. Wolfgang Quatember, Die Geschichte der KZ-Gedenkstätte Ebensee, in: Ulrike Felber/Wolfgang Quatember (Hg.), Zeitgeschichte Museum Ebensee, Ebensee 2005, S. 198–204.

349 Andreas Schmoller, Geschichte des KZ-Friedhofs Ebensee. Bericht einer Recherche, in: betrifft widerstand 77, Juni 2006, S. 15–19.

Abb. 59: Des Torbogens des ehemaligen KZ Ebensee, 2009, Fotograf: E.M. Brandstetter, Archiv der Gedenkstätte Ebensee

Judenproblem" möglichst rasch loswerden, Ebensee habe ohnedies unter dem KZ genug gelitten. „Die Gemeinde verfolgt das Bestreben", so Bürgermeister Zieger im November 1946, „keinen einzigen Ausländer zurückzubehalten".[350]

Um dieses Ziel zu erreichen, sollte das Lagergelände möglichst rasch für den Bau einer Arbeitersiedlung verwendet werden. Gleichzeitig mit der Planung einer Siedlung mit 200 Häusern wurden bis zum Frühjahr 1949 fast alle Baracken des Lagers demontiert und anderswo wiederverwendet. Auch das Krematorium wurde beseitigt und nach der Parzellierung des gesamten Geländes waren ab Frühjahr 1949 die ersten Häuser in Bau.[351] Auf Antrag des KZ-Verbandes blieb schließlich das noch bestehende Lagertor trotz gegenteiliger Bemühungen der Bezirkshauptmannschaft Gmunden erhalten und steht heute unter Denkmalschutz.[352] Die originalen Torflügel sind ebenfalls erhalten.

Die in der Stollenanlage „A" 1944 eingerichtete Raffinerie wurde von Frankreich beansprucht, da sie aus geraubten Teilen einer französischen Raffinerie gebaut worden war. Die Produktion wurde noch bis 1947 aufrechterhalten. Nach einem zweiten Produktionsversuch kam 1952 die endgültige Stilllegung, das Werk wurde abmontiert und nach Algier verfrachtet. Bis heute wird die Anlage „A" von der Firma Hatschek industriell genutzt. Die Anlage „B" enthält heute einen privaten Schießstand,

350 Zitiert nach: Quatember, Die Geschichte der KZ-Gedenkstätte, S. 200.
351 Ebd.; siehe auch: „KZ-Lager soll Wohnsiedlung werden", Salzkammergutzeitung (Gmunden) 5.8.1949.
352 Quatember, Die Geschichte der KZ-Gedenkstätte, S. 199.

ein Munitionsdepot der Bundesforste und den Gedenkstollen mit der Dauerausstellung des Vereins Zeitgeschichte Museum Ebensee.

Auf dem Gelände des ehemaligen Lagers entstand Ende der 1940er-Jahre eine kleine Gedenkstätte. Auf Initiative von und finanziert durch die Mailänderin Hilda Lepetit wurde 1947/48 am Ort des von der SS angelegten Massengrabes, in dem auch der in Ebensee ums Leben gekommene Mann Roberto Lepetits[353] begraben war, ein großes Denkmal in Form eines marmornen Kreuzes mit großer Grabplatte errichtet.[354]

Der Bau des Denkmals bot der Gemeinde Gelegenheit, den als Störfaktor wahrgenommenen KZ-Friedhof an der Straße nach Bad Ischl aufzulösen. Anlass waren sowohl Ansprüche der früheren Grundstückseigentümerin, der ehemaligen NS-Landesbauernführerin Antonia Wimmer, auf Rückgabe des Grundstückes wie auch Proteste von in Ebensee weilenden deutschen Touristen gegen die Inschrift des Monuments.[355] Dies gab den Behörden Anlass, die Umbettung von Leichen verstorbener Häftlinge in einen weniger dem öffentlichen Blick ausgesetzten neuen KZ-Friedhof zu planen, der rund um das Lepetit-Denkmal entstehen sollte. Die Verlegung des Friedhofes von der Ischler-Straße zum neuen Friedhof um das Lepetit-Denkmal im April 1952 war verbunden mit den Bemühungen der französischen Behörden nach Exhumierung und Identifizierung französischer Staatsbürger und deren Rückführung nach Frankreich.[356] Nach Umbettung der Toten wurde das Friedhofsmonu-

Abb. 60: Einweihung des Lepetit-Denkmals, 4.5.1948, Fotograf: unbekannt, Archiv der Gedenkstätte Ebensee, Sammlung Hilda Lepetit

353 Roberto Lepetit, geb. 29.8.1906 in Ponte Lambro, italienischer Schutzhäftling, Häftlingsnummer 110300, gestorben am 4.5.1945.

354 Quatember, Die Geschichte der KZ-Gedenkstätte, S. 201.

355 Ebd. S. 199

356 Ebd., 202.

Abb. 61: Max Garcia bei der Befreiungsfeier in Ebensee 1995 im Gespräch mit dem Autor, rechts Priscilla Alden Garcia, 1995, Fotograf: unbekannt, Sammlung Florian Freund

ment von der Bezirkshauptmannschaft auf Grund der Beschwerden der Grundstückseigentümerin und wegen des „nachteiligen Einflusses auf den Fremdenverkehr (vorzüglich Reichsdeutsche)" ohne vorherige Information der Opfer-Verbände gesprengt.[357] Auf dem neuen KZ-Friedhof wurden in der Folgezeit verschiedene nationale Denkmäler errichtet. Ob das Massengrab unter dem Lepetit-Denkmal jemals geöffnet wurde, ist nicht bekannt.[358] Das andere von der SS angelegte Massengrab wurde 1952 geöffnet und insgesamt 1.179 Tote freigelegt und neben dem Lepetit-Denkmal wiederbestattet. Zu den 841 vom Friedhof an der Ischler-Straße exhumierten und auf dem heutigen KZ-Friedhof wiederbestatteten Opfern kamen in der Folgezeit noch weitere an verschiedenen Orten in Oberösterreich exhumierte Tote, die zumeist zuvor auf den jeweiligen Ortsfriedhöfen bestattet worden waren. Dabei handelte es sich nicht nur um Opfer des KZ Ebensee, sondern auch anderer Außenlager des KZ Mauthausen.[359] Wo die Asche aus dem Krematorium abgelagert wurde, ist nicht bekannt. Insgesamt sind ca. 3.600 Opfer in Einzel- und Massengräbern am heutigen KZ-Friedhof beerdigt.[360]

Wie Wolfgang Quatember rekonstruieren konnte, wurden bis 1955 regelmäßig im Mai Gedenkfeiern abgehalten. Diese fanden anfangs auch am ehemaligen Appellplatz des Lagers unter großer internationaler Beteiligung und unter Beteiligung von

357 Ebd., 204.
358 Schmoller, Geschichte des KZ-Friedhofs Ebensee, S. 16.
359 Ausführlich dazu: Schmoller, Geschichte des KZ-Friedhofs Ebensee, S. 17.
360 Quatember, Die Geschichte der KZ-Gedenkstätte, S. 204.

Regional- und Landespolitikern, sowie Vertretern der KZ-Verbände und der katholischen, evangelischen und jüdischen Konfessionen statt. Dem Stigma, ein KZ-Standort gewesen zu sein, versuchte man in Ebensee mit einer Strategie des Verschweigens zu begegnen. 1985, anlässlich des 40. Jahrestages der Befreiung des KZ Ebensee, organisierten einige engagierte Ebenseer und Ebenseerinnen eine Ausstellung über das frühere Konzentrationslager. Der junge sozialdemokratische Ebenseer Bürgermeister Rudolf Graf unterstütze diese Initiative. Ein weiterer Anstoß war die 1987 zwischen Ebensee und Prato (viele KZ-Opfer stammten aus der Stadt in der Toskana) beschlossene Städtepartnerschaft. 1988 erfolgte die Gründung des Vereines Widerstandsmuseum und 1989 erschien die erste umfangreiche wissenschaftliche Aufarbeitung der Geschichte des Lagers. Ein Stollengang der Anlage „B" konnte von den Österreichischen Bundesforsten angemietet werden. Da diese Stollen ohne größeren baulichen Aufwand für eine Ausstellung geeignet schienen, wurde dort 1997 eine Ausstellung über die Geschichte des Lagers eingerichtet. sechssprachige Informationstafeln auf dem Friedhofsgelände erläutern die Geschichte des Lagers in Kurzform und seit längerer Zeit werden fachkundige Führungen durch das Lagergelände angeboten. Der lange verwaist gewesene „KZ-Friedhof' wurde mehr und mehr zur internationalen Gedenkstätte. Im 2001 eingerichteten „Zeitgeschichte Museum Ebensee" wird die Geschichte des Lagers gleichzeitig in den größeren Kontext der österreichischen Geschichte des 20. Jahrhunderts gestellt.

Abb. 62: Denkmal mit den Namen der im KZ Ebensee verstorbenen Häftlinge, Enthüllung 2012, Architekt: Kurt Ellmauer, Foto: Archiv der Gedenkstätte Ebensee

Anhang

Abkürzungsverzeichnis

§ 175	Nach § 175 verurteilte („Homosexuelle")
AGK	Archivum Glównej Komisji Badania Zbrodni Hitlerowskich w Polsce (im Institut des Nationalen Gedenkens, Warschau
Alb.	Albanien/Albaner
AMM	Archiv der Gedenkstätte KZ Mauthausen
APMAB	Archivum Panstwowe Muzeum Auschwitz-Birkenau
AZR	Arbeitszwang Reich
BArch.	Bundesarchiv
BArch/MArch	Bundesarchiv Militärarchiv
Bifo	Bibelforscher
Bulg.	Bulgarien/Bulgare
BV	Befristeter Vorbeugehäftling (Lagerjargon: Berufsverbrecher)
Dän. Jude	Dänemark/Däne
DESt	Deutsche Erd- und Steinwerke GmbH
DÖW	Dokumentationsarchiv des österreichischen Widerstandes
DR	Deutsches Reich
Frz.	Frankreich/Franzose
GB Bau	Generalbevollmächtigter für die Regelung der Bauwirtschaft beim Beauftragten des Führers für den Vierjahresplan
Gr.	Griechenland/Grieche
IMT	International Military Tribunal
Ital.	Italien/Italiener
Jugo	Jugoslawien/Jugoslawe
Kgf.	Kriegsgefangener
Kroat.	Kroatien/Kroate
Lett.	Lettland/Lette
LG	Landgericht
Lit.	Litauen/Litauer
Lothr.	Lothringen/Lothringer
Lux	Luxemburg/Luxemburger
MF	Mikrofilm
NARA	National Archives and Rekords Administration (Washington)
NL	Niederlande/Niederländer
Norw.	Norwegen/Norweger
NSDAP	Nationalsozialistische Deutsche Arbeiterpartei
OKH	Oberkommando des Heeres
OÖLA	Oberösterreichisches Landesarchiv

Poln.	Polen/Pole
Portug.	Portugal/Portugiese
RFSS	Reichsführer SS
RG	Rekord Group
Rotspanier	Nach dem Spanischen Bürgerkrieg geflüchteter Spanier
RSHA	Reichssicherheitshauptamt
Rum.	Rumänien/Rumäne
Russ.	Russland/Russe
RZA	Russischer Zivilarbeiter
Sch.	Schutzhäftling (politischer Häftling)
SD	Sicherheitsdienst
Serb.	Serbien/Serbe
Slow.	Slowakei/Slowake
Sp.	Spanier
Span.	Spanien/Spanier
Spanier	Spanischer politischer Häftlinge („Rotspanier")
SS	Schutzstaffel (der NSDAP)
SS-WVHA	SS-Wirtschaftsverwaltungshauptamt
Staatenl.	Staatenlos
SU	Sowjetunion
SU Lev.	Sowjetunion Landeseigene Verbände
SV	Sicherheitsverwahrungshäftlinge
Tschech.	Tschechei/Tscheche
Türk.	Türkei/Türke
Ung.	Ungarn/Ungar
UNRRA	United Nations Relief and Rehabilitation Administration
USHMM	United States Holocaust Memorial Museum
WA	Wehrmachtsangehörige
Zig.	Zigeuner
Ziv.Arb.	Zivilarbeiter (fast ausschließlich aus der Sowjetunion)

Bibliographie

Michael Thad Allen, The Business of Genocide. The SS, Slave Labor, and the Concentration Camps, Chapel Hill 2002
Gerhard Armanski, Maschinen des Terrors. Das Lager (KZ und Gulag) in der Moderne. Münster 1993
Wolfgang Ayaß, „Asoziale" - die verachteten Verfolgten, in: Dachauer Hefte 14 (1998), S. 50–66
Drahomír Bárta, Tagebuch aus dem KZ Ebensee, hg. v. Florian Freund und Verena Pawlowsky, Wien 2005
Drahomír Bárta, Tagebuch aus dem Konzentrationslager Ebensee, 1943–1945, in: Drahomír Bárta, Tagebuch aus dem KZ Ebensee, hg. v. Florian Freund und Verena Pawlowsky, Wien 2005, S. 86
Drahomír Bárta, Zur Geschichte der illegalen Tätigkeit und der Widerstandsbewegung der Häftlinge im Konzentrationslager Ebensee in den Jahren 1944–1945, in: Drahomír Bárta, Tagebuch aus dem KZ Ebensee, hg. v. Florian Freund und Verena Pawlowsky, Wien 2005
Andreas Baumgartner, Die vergessenen Frauen von Mauthausen. Die weiblichen Häftlinge des Konzentrationslagers Mauthausen und ihre Geschichte, Wien 1997
Adolf Brunnthaler, Strom für den Führer. Der Bau der Ennskraftwerke und die KZ-Lager Ternberg, Großraming und Dipoldsau, Weitra 2000
Frank M. Buscher, The U.S. War Crimes Trial Program in Germany, 1946–1955. New York 1989
Hellmut Butterweck, Verurteilt und begnadigt - Österreich und seine NS-Straftäter, Wien 2003
Roberto Camerani, Il Viaggio, Cernusco s/N 1983
Pierre Serge Choumoff, Nationalsozialistische Massentötungen durch Giftgas auf österreichischem Gebiet 1940–1945. Wien 2000
Jens Christian Wagner, Produktion des Todes. Das KZ Mittelbau-Dora, Göttingen 2001
Jens Christian Wagner, Mittelbau Dora - Stammlager, in: Wolfgang Benz, Barbara Distel (Hg.), Der Ort des Terrors. Geschichte der nationalsozialistischen Konzentrationslager, Bd. 7, S. 223–289
Gilbert Debrise, Cimetières sans Tombeaux, Paris 1945
Maurice Delfieu, Recists d'un revenant. Mauthausen-Ebensee, Paris 1947
Annette Eberle, Häftlingskategorien und Kennzeichnungen, in: Wolfgang Benz, Barbara Distel (Hg.), Der Ort des Terrors. Geschichte der nationalsozialistischen Konzentrationslager, Bd. 1. München 2005, S. 91–109
Peter Eigelsberger, „Mauthausen vor Gericht". Die österreichischen Prozesse wegen Tötungsdelikten im KZ Mauthausen und seinen Außenlagern, in: Thomas Albrich/Winfried Garscha/Martin Polaschek (Hg.), Holocaust und Kriegsverbrechen vor Gericht - Der Fall Österreich, Innsbruck 2006, S. 198–228
Michel Fabréguet, Mauthausen. Camp de concentration national-socialiste en Autriche rattachée (1938–1945), Paris 1999
Florian Freund/Bertrand Perz, Konzentrationslager in Oberösterreich 1938–1945, Linz 2007
Florian Freund/Bertrand Perz, Mauthausen - Stammlager, in: Wolfgang Benz, Barbara Distel (Hg.), Der Ort des Terrors. Geschichte der nationalsozialistischen Konzentrationslager. Band 4. Flossenbürg - Mauthausen - Ravensbrück, München 2006, 293–346
Florian Freund/Bertrand Perz/Karl Stuhlpfarrer, Einleitung zur Dokumentation: Der Bericht des US-Geheimagenten Jack H. Taylor über das Konzentrationslager Mauthausen, in: Zeitgeschichte 22 (1995) Heft 9/10, S. 318–341
Florian Freund oder Bertrand Perz, Artikel zu Außenlager von Mauthausen, in: Wolfgang Benz, Barbara Distel (Hg.), Der Ort des Terrors. Geschichte der nationalsozialistischen Konzentrationslager. Band 4. Flossenbürg - Mauthausen - Ravensbrück, München 2006, S. 347–470
Florian Freund/Bertrand Perz, Das KZ in der „Serbenhalle". Zur Kriegsindustrie in Wiener Neustadt, Wien 1988
Florian Freund/Andreas Kranebitter, Zur quantitativen Dimension des Massenmords im KZ Mauthausen und den Außenlagern, in: Verein für Gedenken und Geschichtsforschung in österreichischen Gedenkstätten/Andreas Kranebitter (Hg.), Gedenkbuch für die Toten des KZ Mauthausen. Band 1: Kommentare und Biographien, Wien 2016, S. 56–67
Florian Freund, Arbeitslager Zement. Das Konzentrationslager Ebensee und die Raketenrüstung, Wien 1989
Florian Freund, Die Toten von Ebensee. Analyse und Dokumentation der im KZ Ebensee umgekommenen Häftlinge 1943–1945, Wien 2010
Florian Freund, Mauthausen: Zu Strukturen von Haupt- und Außenlagern, in: Dachauer Hefte, H. 15 (1999), S. 254–272

Florian Freund, Zwangsarbeit beim Bau der Ennskraftwerke, in: Oliver Rathkolb/Florian Freund (Hg.), NS-Zwangsarbeit in der Elektriziätswirtschaft der „Ostmark", 1938–1945. Ennskraftwerke – Kaprun – Draukraftwerke – Ybbs-Persenbeug – Ernsthofen, Wien 2002, S. 27–125
Florian Freund, Die Entscheidung zum Einsatz von KZ-Häftlingen in der Raketenrüstung, in: Hermann Kaienburg (Hg.), Konzentrationslager und deutsche Wirtschaft 1939–45, Opladen 1996, S. 61–76;
Florian Freund, Der Dachauer Mauthausenprozess, in: Dokumentationsarchiv des österreichischen Widerstandes (Hg.), Jahrbuch 2001, Wien 2001, S. 35–67
Florian Freund, Der Mauthausen-Prozeß. Zum amerikanischen Militärgerichtsverfahren in Dachau im Frühjahr 1946, in: Wolfgang Benz/Barbara Distel (Hg.). Dachauer Hefte. Studien und Dokumente zur Geschichte der nationalsozialistischen Konzentrationslager, 13. Jg., 1997, H. 13, Gericht und Gerechtigkeit, S. 99–118
Florian Freund, Häftlingskategorien und Sterblichkeit in einem Außenlager des KZ Mauthausen, in: Die nationalsozialistischen Konzentrationslager – Entwicklung und Struktur, Göttingen 1998, S. 874–886
Florian Freund, Piani delle SS per la Distruzione di Gallerie nel Campo e nei Sottocampi di Mauthausen, in: Vincenti E. (Hg.), Gli Ultimi Giorni dei Lager, Milano 1992, S. 162–168
Max R. Garcia (as told to Priscilla Alden Garcia), As long as I remain alive, o.O. 1979
Winfried R. Garscha, Entnazifizierung und gerichtliche Ahndung von NS-Verbrechen, in: Emmerich Tálos, Ernst Hanisch, Wolfgang Neugebauer, Reinhard Sieder (Hg.), NS-Herrschaft in Österreich. Ein Handbuch, Wien 2000, 852–883
Ulrich Herbert, Best. Biographische Studien über Radikalismus, Weltanschauung und Vernunft 1903–1989, Bonn 2001
Nina Höllinger, Andreas Schilling – "never say that Schilling was a little man", in: betrifft widerstand 107, Dezember 2012, S. 4–11
Nina Höllinger, Mathias Frindt „ein junger Mann, der die Befehle seiner Vorgesetzten immer zur vollen Zufriedenheit ausführte", in: betrifft widerstand 111, Dezember 2013, S. 4–12
Gregor Holzinger: Das letzte Urteil. Die beiden Prozesse gegen Johann Vinzenz Gogl, in: Bundesministerium für Inneres/Andreas Kranebitter (Hg.), KZ-Gedenkstätten und die neuen Gesichter des Rechtsextremismus. Jahrbuch 2014 der KZ-Gedenkstätte Mauthausen | Mauthausen Memorial. Forschung – Dokumentation – Information (Wien 2015), S. 73–105
Tomaz Jardim, Die ersten Erhebungen von Nazi-Kriegsverbrechen in Mauthausen: Amerikanische Ermittler und die Befreiung des KZ, in: Bundesministerium für Inneres (Hg.), KZ-Gedenkstätte Mauthausen | Mauthausen Memorial 2008, Wien 2009, S. 38–47
Tomaz Jardim, The Mauthausen Trial. American Military Justice in Germany, Harvard 2012
Hermann Kaienburg, Die Wirtschaft der SS, Berlin 2003
Hermann Kaienburg, Zwangsarbeit: KZ und Wirtschaft im Zweiten Weltkrieg, in: Wolfgang Benz/Barbara Distel (Hg.), Der Ort des Terrors. Geschichte der nationalsozialistischen Konzentrationslager, Bd. 1, S. 179–194
Matthias Kaltenbrunner, Flucht aus dem Todesblock. Der Massenausbruch sowjetischer Offiziere aus dem Block 20 des KZ Mauthausen und die „Mühlviertler Hasenjagd". Hintergründe, Folgen, Aufarbeitung, Innsbruck 2012
Brigitte Kepplinger/Gerhart Maarckhgott/Hartmus Riese (Hg.), Tötungsanstalt Hartheim, Linz 2008.
Brigitte Kepplinger, „Vernichtung lebensunwerten Lebens" im Nationalsozialismus: Die „Aktion T4", in: Günter Morsch/Bertrand Perz (Hg.), Neue Studien zu nationalsozialistischen Massentötungen durch Giftgas. Historische Bedeutung, technische Entwicklung, revisionistische Leugnung, Berlin 2011, S. 77–87
Wolfgang Kirstein, Das Konzentrationslager als Institution totalen Terrors. Das Beispiel des KL Natzweiler, Pfaffenweiler 1992
Andreas Kranebitter, Der Steinbruch „Wiener Graben" und die Errichtung des KZ Mauthausen, in: Bundesministerium für Inneres (Hg.): KZ-Gedenkstätte Mauthausen | Mauthausen Memorial 2008, Wien 2009, S. 58–73
Andreas Kranebitter, Zahlen als Zeugen. Soziologische Analysen zur Häftlingsgesellschaft des KZ Mauthausen, Wien 2014
Jean Laffitte, Die Lebenden, Berlin 1950
Holger Lessing, Der erste Dachauer Prozeß (1945/46). Baden-Baden 1993
Hans Maršálek, Die Geschichte des Konzentrationslagers Mauthausen, Wien 1995[3]
Günter Morsch/Bertrand Perz (Hg.), Neue Studien zu nationalsozialistischen Massentötungen durch Giftgas. Historische Bedeutung, technische Entwicklung, revisionistische Leugnung, Berlin 2011
Judith Moser-Kroiss/Andreas Schmoller (Hg.), Stimmen aus dem KZ Ebensee, Ebensee 2005

Wspomniemniaz niemiechi obozow koncentracyjniych, Ebensee 1946
Michael J. Neufeld, Die Rakete und das Reich. Wernher von Braun, Peenemünde und der Beginn des Raketenzeitalters, Berlin 1997
Karin Orth, Das System der nationalsozialistischen Konzentrationslager. Eine politische Organisationsgeschichte, Hamburg 1999
Reinhard Otto, Wehrmacht, Gestapo und sowjetische Kriegsgefangene im deutschen Reichsgebiet 1941/42, München 1998
Bertrand Perz/Florian Freund, Tötungen durch Giftgas im Konzentrationslager Mauthausen, in: Günter Morsch/Bertrand Perz (Hg.), Neue Studien zu nationalsozialistischen Massentötungen durch Giftgas. Historische Bedeutung, technische Entwicklung, revisionistische Leugnung, Berlin 2011, S. 244–259
Bertrand Perz, Verwaltete Gewalt. Der Tätigkeitsbericht des Verwaltungsführers im Konzentrationslager Mauthausen 1941 bis 1944, Wien 2013
Bertrand Perz, Projekt Quarz. Steyr-Daimler-Puch und das Konzentrationslager Melk, Wien 1991
Bertrand Perz, Politisches Management im Wirtschaftskonzern. Georg Meindl und die Rolle des Staatskonzerns Steyr-Daimler-Puch bei der Verwirklichung der NS-Wirtschaftsziele in Österreich, in: Hermann Kaienburg (Hg.), Konzentrationslager und deutsche Wirtschaft 1939–45, Opladen 1996, S. 95–112
Bertrand Perz, KZ-Häftlinge als Zwangsarbeiter der Reichswerke „Hermann Göring“ in Linz, in: Oliver Rathkolb (Hg.), NS-Zwangsarbeit: Der Standort Linz der „Reichswerke Hermann Göring AG Berlin“ 1938–1945. Bd. 1: Zwangsarbeit – Sklavenarbeit: Politik-, sozial- und wirtschaftshistorische Studien, Wien-Köln-Weimar 2001, S. 449–590
Bertrand Perz, Die Errichtung eines Konzentrationslagers in Wiener Neudorf. Zum Zusammenhang von Rüstungsexpansion und Zwangsarbeit von KZ-Häftlingen, in: Dokumentationsarchiv des österreichischen Widerstandes (Hg.), Jahrbuch 1988, Wien 1988, S. 88–116
Bertrand Perz, Der Arbeitseinsatz im KZ Mauthausen, in: Ulrich Herbert/Karin Orth/Christoph Dieckmann (Hg.): Die nationalsozialistischen Konzentrationslager. Entwicklung und Struktur, Band 2 (Göttingen 1998), S. 533–557, S. 533–557
Bertrand Perz, Wehrmacht und KZ-Bewachung, in: Mittelweg 36, 4. Jg., Okt./Nov.1995, S. 69–82
Bertrand Perz, Wehrmachtsangehörige als KZ-Bewacher, in: Walter Manoschek (Hg.), Die Wehrmacht im Rassenkrieg. Der Vernichtungskrieg hinter der Front, Wien 1996, S. 168–181
Bertrand Perz, Prozesse um KZ Mauthausen, in: Ludwig Eiber, Robert Sigel (Hg), Dachauer Prozesse, NS-Verbrechen vor amerikanischen Militärgerichten in Dachau 1945 –1948, Göttingen 2007, 174–191
Bertrand Perz, Die KZ-Gedenkstätte Mauthausen 1945 bis zur Gegenwart. Innsbruck/Wien/Bozen 2006
Falk Pingel, Häftlinge unter SS-Herrschaft. Widerstand, Selbstbehauptung und Vernichtung im Konzentrationslager, Hamburg 1978
Wolfgang Quatember, Josef Poltrum. Ein Beitrag eines Luftwaffenunteroffiziers zur Rettung Ebenseer KZ-Häftlinge, in: betrifft widerstand 109, Juli 2013, S. 15–17
Wolfgang Quatember, Die Geschichte der KZ-Gedenkstätte Ebensee, in: Ulrike Felber/Wolfgang Quatember (Hg.), Zeitgeschichte Museum Ebensee, Ebensee 2005, S. 198–204
Christian Rabl, Das KZ-Außenlager St. Aegyd am Neuwalde. Mauthausen-Studien Bd. 6, Wien 2008
Andreas Schmoller, Geschichte des KZ-Friedhofs Ebensee. Bericht einer Recherche, in: betrifft widerstand 77, Juni 2006, S. 15–19
Jan Erik Schulte, Zwangsarbeit und Vernichtung: Das Wirtschaftsimperium der SS. Oswald Pohl und das SS-Wirtschaftsverwaltungshauptamt 1933–1945, Paderborn 2001
Florian Schwanninger, Hartheim 1940–1944, in: Günter Morsch/Bertrand Perz (Hg.), Neue Studien zu nationalsozialistischen Massentötungen durch Giftgas. Historische Bedeutung, technische Entwicklung, revisionistische Leugnung, Berlin 2011, S. 118–130
Florian Schwanninger, Die Rekonstruktion der Namen der Toten der „Aktion 14 f 13“ in der Tötungsanstalt Hartheim – Beispiel einer institutionellen Kooperation, in: Verein für Gedenken und Geschichtsforschung in österreichischen Gedenkstätten/Andreas Kranebitter (Hg.), Gedenkbuch für die Toten des KZ Mauthausen. Band 1: Kommentare und Biographien, Wien 2016, S. 41–49
Robert Sigel, Im Interesse der Gerechtigkeit. Die Dachauer Kriegsverbrecherprozesse 1945–1948, Frankfurt/New York 1992
Wolfgang Sofsky, Die Ordnung des Terrors: Das Konzentrationslager. Frankfurt/M 1993
Katharina Stourzh, Aspekte des französischen Justizwesens in Tirol und Vorarlberg 1947–1950 unter besonderer Berücksichtigung der Kriegsverbrecherfrage, Univ. Dipl.-Arb., Wien 1998
Dorota Sula, Wolfsberg (Włodarz), in: Benz Wolfgang Benz, Barbara Distel (Hg.), Der Ort des Terrors. Geschichte der nationalsozialistischen Konzentrationslager, Bd. 6. S. 457–459

Emmerich Tálos/Ernst Hanisch/Wolfgang Neugebauer/Reinhard Sieder (Hg.), NS-Herrschaft in Österreich. Ein Handbuch, Wien 2000

Janko Tišler/Christian Tessier, Das Loibl-KZ. Die Geschichte des Mauthausen-Außenlager am Loiblpass/Ljubelj, Wien 2007

Patrick Wagner, Hitlers Kriminalisten. Die deutsche Kriminalpolizei und der Nationalsozialismus zwischen 1920 und 1960, München 2002

François Wetterwald, Les morts inutiles, Paris 1946

Stanislav Zamecník, „Kein Häftling darf lebend in die Hände des Feindes fallen." Zur Existenz des Himmler-Befehls vom 14./18. April 1945, in: Dachauer Hefte, Studien und Dokumente zur Geschichte der nationalsozialistischen Konzentrationslager, 1 (1985), S. 219–231

Zeitgeschichte Museum Ebensee, 2016, Fotograph: Nina Höllinger, Archiv der Gedenkstätte Ebensee

KZ-Gedenkstätte und Zeitgeschichte Museum Ebensee

Der originale Ort des ehemaligen KZ-Lagers mit seinen als Spuren in der Landschaft erkennbaren Relikten (Stollenanlagen mit Ausstellung, Eingangstor, Treppe des „Löwenganges, Opferfriedhof) findet in Ebensee durch das Zeitgeschichte Museum eine optimale Ergänzung. Am neutralen Ort wird die politische Geschichte Österreichs und im Besonderen der Region Salzkammergut der Jahre 1918 bis 1955 beschrieben. Dadurch wird die Existenz des Konzentrationslagers nicht als abgehobenes, singuläres Ereignis, sondern als Bestandteil der NS-Geschichte präsentiert. Im Zeitgeschichte Museum ist darüberhinaus ein wissenschaftliches Archiv und eine umfangreiche zeitgeschichtliche Bibliothek untergebracht.

Museum und KZ-Gedenkstätte werden jährlich von rund 10.000 Menschen besucht. Mehrheitlich sind es Schulklassen, die pädagogische Angebote nutzen. Die KZ-Gedenkstätte veranstaltet historische Vortragsreihen, publiziert eine Zeitschrift und organisiert jährlich Anfang Mai eine internationale Gedenkfeier zur Befreiung des KZ Ebensee.

Alle näheren Infos: www.memorial-ebensee.at
Kontakt:
Zeitgeschichte Museum
Kirchengasse 5, 4802 Ebensee
Tel.: 0043 (0)6133 5601
Email.: museum@utanet.at

Ausstellung im Zeitgeschichte Museum Ebensee, 2016, Fotograph: Nina Höllinger, Archiv der Gedenkstätte Ebensee